ELOGIO
DA
DIFERENÇA

Rosiska Darcy de Oliveira

ELOGIO DA DIFERENÇA

O FEMININO EMERGENTE

Copyright © 1991, 2012 Rosiska Darcy de Oliveira

Direitos desta edição reservados à
EDITORA ROCCO LTDA.
Av. Presidente Wilson, 231 – 8º andar
20030-021 – Rio de Janeiro, RJ
Tel.: (21) 3525-2000 – Fax: (21) 3525-2001
rocco@rocco.com.br
www.rocco.com.br

Printed in Brazil/Impresso no Brasil

CIP-Brasil. Catalogação na fonte.
Sindicato Nacional dos Editores de Livros, RJ.

O48e   Oliveira, Rosiska Darcy de
           Elogio da diferença: o feminino emergente /
         Rosiska Darcy de Oliveira. – Rio de Janeiro:
         Rocco, 2012.

         ISBN 978-85-325-2794-3

           1. Papel sexual. 2. Sexo – Diferenças (Psicologia).
         3. Feminismo. 4. Feminilidade. I. Título.

12-4550   CDD-305.4
                                               CDU-316.346.2-055.2

Para Miguel,
este livro tecido por nós dois,
com o fio espesso da nossa vida.

SUMÁRIO

INTRODUÇÃO 9

INTRODUÇÃO À NOVA EDIÇÃO 19
Elogio da diferença, elogio da liberdade 21

1 – DICOTOMIA SEXUAL E DESIGUALDADE 35
O feminino como crime político 37
A separação de mundos:
pensamentos, palavras e obras 46
As mulheres no mundo dos homens:
mal-estar, desvio e conflito 55

2 – A ARMADILHA DA IGUALDADE 67
As mulheres em movimento:
feminizar o mundo 69
A coexistência de contrários:
lógica do privado/lógica do público 91

3 – A EMERGÊNCIA DO FEMININO 107
A cicatriz do andrógino 129
A razão das loucas 149

CONCLUSÃO – ANTÍGONA E O ANDRÓGINO 157

BIBLIOGRAFIA 163

INTRODUÇÃO

"*Não, nem a pergunta eu soubera fazer. No entanto, a resposta se impunha a mim desde que eu nascera. Fora por causa da resposta contínua que eu, em caminho inverso, fora obrigada a buscar a que pergunta ela correspondia.*"

– CLARICE LISPECTOR

Este livro é uma tentativa de aproximação dos territórios do feminino. Seguindo veredas, foi possível, aqui e acolá, mapear fronteiras. Não mais que isso. Ao apresentar *A paixão segundo G. H.*, Clarice Lispector disse que ficaria contente se só fosse lida por aqueles de alma já formada, que sabem que a aproximação do que quer que seja se faz gradualmente e penosamente, atravessando, inclusive, o oposto daquilo de que nos vamos aproximar. Aprendi com Clarice, que ajudou a formar-me a alma, e sei hoje que se aproximar dos territórios do feminino exige a travessia dos territórios do masculino. E essa travessia foi e é para as mulheres uma espécie de exílio, em suas dimensões múltiplas de estranheza, de solidão, mas também de aventura, de enriquecimento e de lucidez.

Na experiência do exílio, o óbvio perde a naturalidade e, no confronto do outro, nos surpreendemos outro de alguém, estabelecemos comparações, avaliamos aspectos nossos de que antes nunca nos distanciáramos e, por isso mesmo, sequer reconhecêramos. Nenhum espelho revela melhor a identidade que o exílio.

A incursão das mulheres no mundo dos homens – sua entrada nessa cultura estrangeira, o aprendizado de novos códigos – permitiu que se manifestassem incompatibilidades que, como arestas, impedem que uma peça de mosaico se encaixe num lugar que não é o seu. Não se trata mais de forçar esse encaixe ao preço de mutilações. Para além da igualdade como mimetismo, as mulheres estão hoje buscando a diferença como identidade. Mas a simples formulação, o dizer dessa diferença é improvável quando, para fazê-lo, dispõe-se de um arsenal de palavras e conceitos alheios. Quando essa diferença deve se exprimir a partir de um discurso que, ele mesmo, é masculino.

Não é, certamente, um acaso que os primeiros traços de emergência do feminino apareçam timidamente na literatura do começo do século XX, refugiados no imaginário, lá onde a fantasia insubmissa supera a descrição do mundo e busca inventá-lo. A literatura não foi para as mulheres uma simples transgressão das leis não escritas que lhes proibiam o acesso à criação. Foi, muito mais que isso, um território liberado, clandestino, pulsando ao ritmo emocional dessa clandestinidade e desse risco. Saída secreta da clausura da linguagem e de um pensamento que as pensava e descrevia *in absentia*.

Depois da arte como escapatória, veio o tempo da ciência como desafio. Assumir a ciência como projeto possível foi, para muitas mulheres, uma transgressão mais grave do que fora para suas ancestrais abandonar-se ao imaginário. Apropriação indébita do mais precioso instrumento da cultura masculina, a intimidade com a ciência só foi possível para as mulheres – e assim é ainda hoje – ao preço de uma estranha ambiguidade. E da descoberta, ao conquistarem o status de cientistas, da natureza ficcional do conceito, frágil versão do mundo que vive à temperatura da sua própria dissolução. Quantas surpresas!

Minha geração encontrou o tempo em que, às mulheres, coube o custo de se perder. De, subitamente, no espaço de uma vida, ver dissolverem-se certezas milenares, sentir fugir o chão debaixo dos pés. E, por isso mesmo, ter que assumir de agora em diante a inédita autoria do Feminino. Autoria que se impõe quando elas não se reconhecem mais em imagens, vivências e representações que ecoavam o "eterno feminino" dos poetas, quando aceitam a travessia da ambiguidade como preço de experiências desejadas e temidas e se dispõem a encarar o vazio como ponto de partida.

As mulheres tentaram a passagem da fronteira do mundo dos homens, arrastando, escondidas, as raízes plantadas em casa. Adotaram estilos de vida masculinos sem que os homens se feminizassem. Assim ficaram, entre dois mundos, compatibilizando estilos de vida e modos de comunicação diferentes, recebendo da sociedade uma ordem esquizofrenizante: seja homem e seja mulher. E foi assim que o sonho de igualdade tropeçou no impossível. Porque a um homem se pede que seja única e exclusivamente homem, aquele que representa a regra e o padrão face ao qual a mulher deve ser ao mesmo tempo igual e diferente.

Mas ninguém pode ser, ao mesmo tempo, si mesmo e o Outro.

Longe do eterno feminino, para além da ambiguidade, resposta possível a mensagens contraditórias, a autoria do feminino é, antes de mais nada, a de uma linguagem para dizê-lo, invenção que lhe permita exprimir-se sem fechar-se na lógica das definições que, entretanto, são incessantemente exigidas das mulheres. Porque, do ponto de vista da lógica masculina, negá-la significa fatalmente afirmar o seu oposto, dito com as mesmas palavras, dentro de um mesmo quadro de referência. Inconcebível, pois, uma lógica outra, em que conte mais o aproximar-se do que ainda é indefinido do que o apropriar-se de uma identidade pré-fabricada no espelho dos homens. Aproximar-se do feminino, inventando-o a cada dia, é o movimento que farão as mulheres neste fim do século XX.

O feminino não é mais o que era antes e não é mais possível defini-lo senão como um processo profundo de desorganização, ou, banalmente falando, de transformação. Quebrou-se o mecanismo mais confortável do pensamento, o que define alguma coisa pelo seu contrário, mudando o sinal, invertendo características. Assim, masculino e feminino se definiam por essa inversão de sinais, por uma relação de exclusão mútua que alguns preferiam, benignamente, chamar de complementaridade. Mas a História prepara armadilhas e nosso tempo confrontou homens e mulheres com questões insólitas, imprevisíveis no passado que se apoiava em um suposto equilíbrio. Mudou o lugar social das mulheres, mudou sua experiência do mundo. As mulheres ficaram, assim, divididas entre passado e futuro, entre memória e projeto.

O Feminismo plantou suas raízes nessa *no man's land*. Como todo movimento social, ele chega como desafio e exigência de transgressão de uma ordem que, confundida com o senso comum, vigorou ao longo dos tempos, atribuindo ao masculino o direito de definir o feminino como seu avesso. Vivemos hoje o desmentido dessa ordem, o mergulho numa desordem que, paradoxalmente, é organizadora.

A ideia da igualdade entre os sexos, primeiro estágio da transgressão, parece absorvida nas pontas mais desenvolvidas da sociedade. Em graus diversos, mas em toda parte, abrem-se às mulheres possibilidades existenciais até então bloqueadas. E, no entanto, a interrogação sobre a relação entre os sexos se radicaliza. O feminismo da igualdade se prolonga como feminismo da diferença. E, a partir daqui, o entendimento se complica. Estariam as mulheres, numa espécie de surto passadista, reinvestindo o passado e subscrevendo ideias que há um século vêm combatendo? Certamente não. E ver semelhanças entre o feminismo da diferença e o ideário que, impregnando o social, discriminava as mulheres é um grave erro de perspectiva.

O olhar voltado para o passado se inscreve no processo de busca de identidade. Porque a identidade não pode evitar uma referência aos gestos que modelam o cotidiano e que situam o olhar feminino sobre a vida em um ponto de vista específico, balizado por uma acumulação de experiências, por um estar no mundo que lhe é próprio. A identidade feminina é tributária de uma espécie de cultura das mulheres que, como tradição, marca a experiência existencial de todas elas. Que essa cultura tenha medrado à margem do mundo dos homens, que tenha servido como pretexto a toda uma história de exclusão e como álibi ao confinamento, tudo isso, sendo verdade, não elimina sua existência ou invalida o que de melhor se gerou dentro dela: a intimidade com o sensual, o percebido tão válido quanto o provado, o sentido do que é próximo mais do que o que é próprio.

E é desse melhor da cultura feminina, dessa outra margem, que parte a crítica civilizatória que o feminismo da diferença está gerando. A dificuldade de compreender o processo em que estão mergulhadas as mulheres é justamente a de captar a dinâmica pela qual, em se apoiando na experiência feminina, elas recusam seus limites e inventam-se novas, mais próximas do mundo dos homens mas sem diluir-se em um magma indiferenciado, e o fazem armadas de um potencial crítico que se inspira na História das mulheres.

Não se trata aqui, como se poderia pensar, de uma qualquer essência que, submissa à Natureza, erradamente tomada por imutável, imobilizasse a História. Muito pelo contrário, trata-se de quebrar a oposição anacrônica entre Natureza e Cultura e surpreender-se em pleno curso de uma "história humana da Natureza". No feminino, assim como no masculino, o corpo é experiência histórica. Quando as mulheres se voltam para o passado e se reconhecem na cultura feminina não é ao feminino como essência que se referem, mas ao feminino como experiência. Essa experiência passada encontra hoje novas vivências e exigências e é nesse processo de mutação que o feminino vai ganhando forma nova.

A emergência do Feminino como paradigma cultural vem se fazendo sem sequer dizer seu nome. Na procura de um entendimento do mundo que não se contente com a utilização exclusiva da razão por não reconhecê-la como todo-poderosa. Na recusa de aceitar o corpo como instrumento submisso da produção e na tentativa de reconquista de suas dimensões eróticas. No balbuciar de uma linguagem, às vezes ininteligível, feita mais de silêncios e de escuta que de expressão codificada, o Feminino emerge como esforço de alteridade, de reconhecimento de lugares outros de onde o humano possa contemplar sua experiência, imaginar-se diferente, conceber-se novo, mesmo se o novo busca sua seiva no que parecia passado. Talvez seja essa a insólita dialética da atualidade. Na releitura das relações humanas, a descoberta de um capital extraordinário, de uma impressionante riqueza que se encontra nelas, e sua atualização em função de um projeto que articule de maneira original as relações do público e do privado, do íntimo e do político.

Na concreção da vida, feminizá-la significa rever o lugar do trabalho na existência cotidiana de homens e mulheres, redefinir o político, interrogar a ciência e a arte pelo viés da desconstrução de conceitos e da invenção da linguagem. Essa feminização vem se dando, ainda que não se a chame como tal ou que nela não se tenha identificado a marca do Feminino.

Quando a humanidade se dá conta da necessidade de retomar o diálogo com a Natureza depois de um fracassado projeto de se desvencilhar dela ou de ignorá-la, talvez seja pela mediação do Feminino emergente que essa retomada de contato se possa dar. Em um tempo em que lembrar à humanidade sua dimensão natural significava atraso e reacionarismo, identificar as mulheres como mais próximas da Natureza significava diminuí-las, colocá-las, de certa maneira, aquém do Humano, monopolizado pelos homens, situá-las em um plano inferior de desenvolvimento, o que justificava a necessidade de tutela e controle. O lugar inferior ocupado pelas mulheres na relação com os homens teve, ao mesmo tempo, como causa e efeito, numa circularidade perfeita, a identificação por todos – inclusive pelas mulheres – do Feminino com animalização, com atração descontrolada pelo prazer, com ameaça ao princípio de realidade que, supostamente, funda a civilização pelo viés do controle instintual e do primado da Razão.

A desconstrução dessas convicções, que serviram de fundamento não só à convivência hierarquizada entre os sexos como à relação particular que cada sexo estabeleceu com a Natureza, vem se dando em ritmo acelerado neste fim do século XX. O paradigma da separação entre Natureza e Cultura entra em decadência, vítima de seus próprios sucessos que ameaçam redundar em esmagador fracasso. Os movimentos ecológicos têm sido arautos de uma necessidade vital de repensamento da História do homem e de sua teleonomia.

A presença do natural no Humano é retomada hoje, não como passadismo mas como exigência de modernidade. O diálogo com a Natureza pressupõe um *aggiornamento* que parece mais fácil às mulheres, que dela menos se distanciaram.

A emergência do Feminino é, ao mesmo tempo, um sintoma difuso de nossa época e o desejo consciente de mulheres, algumas mulheres, que nele depositam seu contributo à civilização. O exercício desse desejo contém riscos. As mulheres que escaparam do Eterno Feminino e do mimetismo com os homens para o acidente da vida estão aceitando corrê-los. O que tentam viver não é essência cristalizada, não é imanência nem predestinação. É um *continuum* em que corpo, cultura, história e lugar social interagem, o que comporta inserção e configurações insólitas. O que defendem é uma igualdade inédita entre os sexos, o primado da diferença sem hierarquia e sem ambiguidade.

Às vezes, pensando no movimento de mulheres, na efervescência existencial e intelectual por ele gerada, nos riscos que corremos, me vem à lembrança um mito da Índia contado por Henri Desroche. Um faquir, depois de preparar cuidadosamente um laço na ponta de uma corda, joga-a para o alto e, seguro de que o laço se prendera em algum lugar além-nuvens, tranquilamente sobe por ela. E, diante do pasmo dos incréus, desaparece nas alturas, seguro na corda a que se prendera, quem sabe, em sua esperança. Porque a esperança é assim. Parece ilusória, mas essa ilusão vai impregnando a realidade e constituindo-a, força atuante que é dentro dela.

O movimento de mulheres foi – é – para mim, para minha geração, essa corda em que subimos para provar que, ao alcance da mão, se oferece a nós um mundo mais terno, mais suave. Se assim não for, o fato de termos podido imaginá-lo já nos terá aproximado, talvez, de um objetivo mais modesto, mas quão precioso, o de inaugurar relações humanas em que a aceitação da diferença sem desigualdade reconcilie homens e mulheres e ponha fim ao desencontro das mulheres consigo mesmas.

R.D.O.
Setembro de 1991

INTRODUÇÃO
À NOVA EDIÇÃO

ELOGIO DA DIFERENÇA, ELOGIO DA LIBERDADE

Jovens que têm hoje vinte e um anos nasceram no mesmo ano em que esse livro foi publicado. Gostaria de tê-los, um dia, entre os meus leitores.

Tomei a decisão de reeditar o *Elogio da diferença* porque, nascido de um percurso de uma década de experiências pessoais e de pesquisas – exílio, grupos femininos, psicanálise –, este livro atravessou os últimos anos mantendo intacta sua vocação de defesa da dignidade das mulheres. Foi testemunha da nossa acidentada chegada a um mundo dos homens, que antes não alcançávamos. Da difícil tentativa de transformá-lo na experiência inédita de mundo humanizado, feito de homens e mulheres com oportunidades e direitos iguais.

Constatar a irredutível diferença entre homens e mulheres é importante, mas não basta. Cabe elogiá-la, identificar nessa diferença o potencial fecundante do futuro, promessa e desafio. E apostar nela como um olhar inventivo sobre as relações humanas.

O tema de um livro escolhe o seu autor bem antes de ser escolhido por ele. Uma história intelectual não é somente um percurso de ideias, um acúmulo de conhecimentos. É fruto de um percurso de vida, de trabalho e de pensamento. Germina no solo movediço de experiências, encontros e interações com as quais se constrói um mundo interior. Texto e contexto se espelham e iluminam reciprocamente. Assim foi com o *Elogio da diferença*, que comecei a escrever ainda na Suíça, no tempo em que a ditadura militar me impedia de viver em meu país.

Todo exilado sabe que é no passado que, um dia, como o elo quebrado de uma corrente, o futuro irá se prender. As raízes no ar são um sentimento insólito de liberação. Há que tudo reconstruir, mesmo que a atração do novo e a abertura para o futuro esbarrem na fidelidade aos lugares sagrados da memória. Estar exilado é ser definido pelo passado, ver no passado um futuro. Como esse momento vindouro é incerto, e para que o presente não se estiole, há que lhe conferir substância e sentido.

O apelo do presente me levou ao movimento de mulheres. No "país das mulheres" de que fala Virginia Woolf, encontrei, de pleno direito, uma nova cidadania.

De volta ao Brasil, nos anos 1980, continuei a ser cidadã deste "país", ainda mais naquele momento de redemocratização, em que tomava forma o movimento de mulheres brasileiras. Retomei a redação do livro e escolhi para ele uma epígrafe de Clarice Lispector:

> *Não, nem a pergunta eu soubera fazer. No entanto, a resposta se impunha a mim desde que eu nascera. Fora por causa da resposta contínua que eu, em caminho inverso, fora obrigada a buscar a que pergunta ela correspondia.*

A resposta que se impunha a mim desde que eu nascera era o Feminino.

Houve quem apostasse na igualdade entre homens e mulheres como se fosse mimetismo das mulheres com os homens. É a essa concepção capenga da igualdade que este livro se opõe, ao mesmo tempo em que aposta na capacidade das mulheres de assumirem a autoria do feminino. Não mais nem o avesso nem o contrário do masculino, mas uma invenção referendada pela experiência de cada uma que conquista a autonomia – sua norma própria –, e sua liberdade.

É isso que as mulheres vêm fazendo, e, se crise existe na relação entre os sexos, ela se deve sobretudo à quebra das molduras destinadas a pré-enquadrar destinos. Homens e mulheres estão, agora, condenados a escrever com a vida suas autobiografias, a partir do encontro com seus próprios desejos.

Vinte e um anos são, aparentemente, migalhas de tempo, irrelevantes no longo curso da história. No entanto, as duas décadas que se seguiram à publicação do Elogio da diferença foram, na história das mulheres, tão significativas e perturbadoras que poderiam ser avaliadas em séculos. Foram os anos da emergência do feminino.

Algumas das teses que defendi no Elogio da diferença se confirmaram, encontrando sua encarnação na macrodimensão do surpreendente protagonismo das mulheres na esfera mundial. Outras, apenas começam a ser percebidas, enraizando-se na microdimensão do cotidiano de homens e mulheres.

Os problemas de que trato neste livro continuam desafiando o imaginário social e insistem em soluções tanto mais urgentes quanto, com o passar dos anos, eles se agravaram. O mundo do trabalho, cada vez mais buscado pelas mulheres, mostrou-se inóspito para elas, desenhado que foi desde sempre como território masculino.

No ano seguinte à sua publicação em 1991, o Elogio da diferença encontrou eco durante a Conferência Mundial sobre o Meio Ambiente, no Rio de Janeiro. Reunidas na praia do Leme, em uma bela cerimônia intitulada Celebração da Esperança, da qual fui uma das inspiradoras, mais de mil mulheres de todo o mundo fizeram uma vigília, na véspera da abertura da conferência, para lembrar aos homens que, de olhos abertos, elas velavam pelo destino do mundo. Marcava-se, assim, uma transformação do movimento mundial de mulheres, ampliando seu âmbito de atuação: não mais os problemas de interesse exclusivamente feminino, mas nossa voz também sobre aflições planetárias.

A banalidade do cotidiano e o fio dos dias não embaralharam o destino privilegiado de uma geração que foi a minha, com seu destino *fin de siècle*, encarregada, como foi, de preparar o réveillon do ano 2000, vivendo um misto de angústia pelo passado, de perplexidade em face do presente e um obstinado namoro com o futuro.

Para festejar o novo milênio que chegaria em breve, vi mulheres vindas do mundo inteiro atravessarem, aos trancos e barrancos, os territórios do masculino, chegando aos lugares do poder e do saber, e introduzindo uma desordem criativa na ordem do fracasso. Fracasso, não de uma sociedade qualquer, mas de um projeto de civilização. Exiladas do mundo dos homens, egressas do exílio em que nasceram, dispunham-se a reescrever a história humana da natureza, recusando a autoria de uma cultura que se construiu contra ela, orgulhosa de seu impulso predador da vida, cultura pensada e gerida por um único sexo. Era fundamental que as mulheres não viessem a fazer o mesmo que os homens tinham feito durante milênios.

Escrevi, naquela noite, uma *Agenda do Inaceitável*, que, pelo avesso, anuncia o mundo que poderia ter sido e que não é, mas que minha esperança acreditava – e acredita ainda – ser possível.

Inaceitável é o desequilíbrio da terra, sensível na disritmia das estações, na poeira do vento que contamina, na desolação das florestas amputadas, na deriva dos polos. Inaceitável, o desencontro das gentes, sofrido na solidão dos continentes esquecidos, na humilhação dos seres humanos descartáveis, na impiedade do mercado, no silêncio do sentido. Inaceitável, o descaminho da vida, na esterilização forçada do ventre das mulheres, no delírio da ciência, no desterro da ética.

A exaustão do século era tanta que só nos restava a esperança. Lançar desejos no horizonte visível, fazer existir como possível, já que sonhado, um outro design de vida na terra. O canto de cisne de um milênio fez-se canto de sereia, encantatório, acenando com a tentação do inédito. Nada heroico, nada grandiloquente. Sem palavras de ordem. Quando as americanas propunham *to make a diference*, as brasileiras cantavam *quem traz no corpo essa marca possui a estranha mania de ter fé na vida*. Nosso canto de elogio da diferença.

Dois anos depois, a ONU convocou, no Cairo, uma nova Conferência Mundial sobre População, já que o crescimento populacional estaria representando uma ameaça global. Convidada pelo Ministério de Relações Exteriores, integrei a delegação brasileira.

Uma primeira constatação: a dos limites. Em juízo, a noção de progresso. Nada é mais difícil para nós, educados na ideia da cultura como superação da natureza, do que aceitar os limites. E, no entanto, a natureza impõe seus *points of no return*. A irreversibilidade é uma consciência dolorosa. Dentro dela fica a questão única: como viver, como conviver? Nós todos, nós tantos, nesse mundo tão miseravelmente limitado? Jacques Cousteau ameaçou com o furacão conhecido dos orientais, o tsunami. E, afirmou: esse furacão somos nós mesmos. O flagelo que se prepara é a população mundial.

As mulheres se insurgiram contra essa visão. Esse furacão não somos nós, dissemos. É um estilo de vida, uma certa noção de felicidade, travestida em modelo de desenvolvimento, essa insuportável expressão que consagra os bem-sucedidos e estigmatiza os outros, os que na escala de melhores e piores são os que não sabem, não podem e que nunca poderão. Os outros, os do sul, nós, os descartáveis.

E se a felicidade não fosse o consumo infinito de bens? Como ser feliz? Nós, sobretudo nós, nascidos ao sul do dinheiro, ao sul do poder, ao sul de tudo, educados na ideia da inferioridade, na ideia da exclusão, na corrida para empatar com o parceiro que ganha sempre, nós que já entendemos as regras do jogo e subitamente nos perguntamos se este empate vale a pena.

É certo, somos muitos, seremos demais para os limites da Terra. Uma população gigantesca, aspirando a comer, mas também a micro-ondas e ar-condicionado. Para que os micro-ondas sobrevivam, para que não faça tanto calor, para que o norte seja o norte e o norte – a verdadeira civilização – seja o mundo, sejamos menos e, aí sim, vai dar para todos. Uma vez mais, as mulheres discordaram, olhando o mundo com um olhar feminino. Sabiam onde essa lógica iria desembocar.

Nas voltas que dão os papéis da diplomacia mundial, nas voltas que dão as decisões políticas, as estatísticas, o ponto de chegada é um só, infalível. O perfil de uma mulher, sem recursos, cansada da vida e carregada de filhos – meu bem, meu mal –, acusada de estar gerando o fim do mundo. Quem defesas não tem, não se defende. Quem a defende?

Pânico em torno do crescimento da população mundial como um exército de formigas que vai corroer o planeta. Os pobres, cada vez mais numerosos, descritos como agentes da destruição ambiental, como os que entravam o desenvolvimento e ameaçam os centros de prosperidade. Uma tecnocracia internacional, sacudindo o espantalho da explosão demográfica, acusa as mulheres pobres pelas futuras catástrofes que ameaçam a humanidade. O ventre das mulheres torna-se, assim, objetivo estratégico.

Ser ou não ser mãe. Nessa questão, de todas a mais íntima, nós mulheres não reconhecemos em ninguém o direito de decidir por nós.

Em defesa desse direito de decidir, sustentei que a população mundial são os povos da Terra, gente de carne e osso, que nasce, vive, ama, tem filhos, envelhece e morre. A população em sua espessura humana não é um problema técnico, não é um objeto de estudo frio e inerte. A população são homens e mulheres cujas escolhas de vida definem o seu destino. Gente às voltas com problemas, esses sim objeto de estudo: como assegurar a todos uma vida digna e feliz num planeta frágil e finito?

Ou mudam os padrões de consumo hoje tomados como definição da felicidade, ou massas incontáveis de pobres serão votadas à supressão.

No debate sobre população, escrevi então, não temo Malthus, temo Darwin. Temo a seleção natural reinventada em seleção cultural, temo o menos e melhores, temo o menos e mais aptos, temo o controle de qualidade aplicado aos seres humanos. Temo essa lógica porque não é impossível que o mundo evolua nessa direção: um shopping center global repleto de objetos criadores de desejos e necessidades, que se sofisticam de ano para ano.

Do ponto de vista econômico, esse mundo, em circuito fechado, é viável. Do ponto de vista político, não se mantém sem doses crescentes de violência e repressão. Do ponto de vista ético, é intolerável. Conviver com ele, em silêncio conformado, é uma cumplicidade que desqualifica toda e qualquer pretensão de construir uma convivência humana civilizada.

No Cairo, a comunidade internacional assistia perplexa ao enigma do protagonismo do movimento mundial de mulheres. Do alto das Pirâmides, vinte séculos de machismo nos contemplavam. Esse protagonismo atingiria seu auge um ano depois, em Beijing.

Chovia forte na madrugada de Beijing, quando uns poucos carros de embaixada recolhiam as últimas delegadas que deixavam o centro de convenções. Acabava de encerrar-se a Quarta Conferência Mundial sobre a Mulher em que cochefiei a delegação brasileira. Panfletos e cartazes viravam lama sob passos apressados. Penso até hoje no que ali vivemos e me pergunto se, sim ou não, estivemos à altura de nossa geração. Creio que sim. Afinal, a passagem de um milênio é algo assombroso. Não há que banalizar o porte dos momentos históricos. A conferência de Beijing foi, antes de mais nada, um sobressalto da história humana vivenciado por minha geração.

Discussões intermináveis, o tédio das palavras surdas, o inferno dos colchetes inegociáveis, nada disso encobriu a evidência que se impôs a todas nós, partícipes e artífices da conferência de Beijing: fechamos o milênio com chave de ouro. Quebramos ali o paradigma milenar que separava o mundo das mulheres do mundo dos homens, apoiado em inexplicável hierarquia. O século XXI começou naquela madrugada em Beijing.

Desembarcáramos na China, munidas de algumas certezas. Sabíamos de um mundo em crise, de uma civilização em perigo e da necessidade de olhar o mundo pelo olhar feminino. Sabíamos que havíamos, definitivamente, entrado na humanidade visível, que os direitos das mulheres são direitos humanos e que se tratava de defendê-los sem concessão aos relativismos culturais que, na prática, se transformam em violência institucionalizada, negação da autonomia, interdição e crime lá onde deveria vigorar a liberdade.

Sabíamos que em Beijing estaria em jogo a preservação de importantes vitórias, inscritas nas mudanças de leis reconhecendo direitos em diferentes países, que haviam colocado as mulheres em novo patamar de respeitabilidade pública e privada. Sabíamos, também, que essas conquistas seriam duramente atacadas – como foram – por uma aliança de forças retrógradas.

Um fato perturbador já me chamara a atenção em todas essas conferências. Desde que as mulheres se apresentaram na cena internacional com demandas claras e se organizaram para a negociação, essas demandas se transformaram em pontos nevrálgicos de difícil solução.

Aos poucos foi-se desenhando em meu espírito uma pergunta inquietante: estariam as mulheres, enfim reconhecidas como parte integrante da humanidade, se constituindo em ponto de crise nos consensos internacionais? Como se a comunidade internacional, até então mundo dos homens, estivesse sendo forçada pela primeira vez a enfrentar temáticas, problemáticas e soluções para as quais não se preparara. Como se a irrupção das mulheres na cena mundial como tema e atuação representasse um obstáculo epistemológico.

Respondo hoje, com certeza, que sim. O mundo não estava preparado, e ainda não está, para acolher com dignidade e equidade essa parcela da humanidade. A introdução do olhar feminino significa admitir que existem dois sexos no mundo e não apenas um. Essa obviedade – a humanidade é feita de dois sexos – corresponde a um abalo sísmico.

A conferência de Beijing tratou de fazer uma indispensável correção de uma das mais graves distorções, de um dos mais graves fracassos do projeto humano, que é a humilhação pública e privada que sofrem as mulheres. Tratou de civilizar o mundo. Daí podermos afirmar que testemunhamos um momento privilegiado do processo civilizatório.

A longa marcha que começara no Rio e que três anos depois chegaria a Beijing confirmou a disposição das mulheres de influir nos destinos do mundo com o mesmo ímpeto com que tentavam mudar seus destinos. Exercendo a sua diferença. O futuro é sempre mais sonhado do que previsto, uma vez que toda profecia é um exercício de vontade. Os versos de Aragon vieram dar nas espumas do mar do Leme: *la femme est l'avenir de l'homme*. Nos anos que se seguiram ocupei a presidência do Conselho Nacional dos Direitos da Mulher, observatório privilegiado para aferir, no cotidiano de homens e mulheres, como se produziam os micropoderes, e quão desiguais ainda são as chances de realização pessoal. A dívida da sociedade brasileira para com as mulheres não reside apenas nas diferenças salariais, no anacronismo das mentalidades que leva à exclusão dos lugares de poder, nem na convivência nas ruas e nas casas com formas explícitas e sutis de violência. Reside no silêncio que pesa sobre os ônus da vida privada.

Resguardada pelos argumentos da intimidade, a vida privada abriga uma injustiça profunda e, em consequência, a vida pública também o faz. Na verdade, continuamos a viver, homens e mulheres, como há um século quando o equilíbrio cotidiano repousava na presença constante das mulheres em casa e na função masculina do provedor. Ora, o provedor saiu do ar. Qualquer jovem de 15 anos associa essa palavra não mais ao homem que sustenta a casa, mas a um serviço da internet.

Tudo mudou, mas continuamos a viver como se nada tivesse mudado. O grande desafio que se coloca ao século XXI é o fim do faz de conta. O século XIX fez de conta que as mulheres não existiam para a vida pública. O século XX fez de conta que a vida privada não existia para as mulheres que investiam no espaço público. O novo século terá que pôr de pé uma sociedade em que a vida real se imponha como ela é, com os riscos e as oportunidades que oferece, sem equívocos ou ocultações.

As mulheres calaram sobre a vida privada, como se fora um ilícito. Comprimindo duas vidas nas imutáveis vinte e quatro horas do dia, disseram, no trabalho, aceite-me que eu serei como um homem qualquer. Em casa, disseram eu saio, mas aqui nada mudará, ninguém sequer perceberá que eu saí. Prometendo, na rua, silêncio sobre a casa e, em casa, silêncio sobre a rua, permitiram a ocultação de um fato fundamental: o mundo do trabalho estrutura-se na articulação de uma vida privada garantida e protegida pelas mulheres.

Invertendo o ditado conservador "é preciso que tudo mude para que nada mude", as mulheres apostaram no "é preciso que nada mude para que tudo mude". Hoje, batendo nos limites do cansaço e de um sentimento de injustiça, perguntam onde foi que eu errei? Não foram elas que erraram. Quem continua errando é a sociedade que não sabe como acolhê-las.

A articulação de questões envolvendo o mundo público e a vida privada é um problema da sociedade, não resolvido, e não um problema das mulheres, que se resolve à custa da elasticidade de seus esforços e energias. A indissolúvel imbricação desses dois mundos sai da obscuridade e passa a constituir um dos núcleos problemáticos da atualidade.

Mudam-se os tempos, mudam-se os desafios. Aquela jovem de 21 anos que nasceu quando o *Elogio da diferença* foi publicado não conhece nem sequer imagina o que era a humilhação de ter que pedir dinheiro ao marido, experiência corriqueira e dolorosa das gerações que a precederam.

Escolhe seus amores, vive sua sexualidade sem dar satisfações a ninguém, senhora de um mundo em que as proibições e os interditos encolhem a cada dia. É a perfeita herdeira de mulheres que correram imensos riscos, levando suas vidas ao pé da letra dos textos que escreviam, na contramão das convenções, das ironias e até mesmo do desrespeito. A condição de herdeira sempre justifica uma atitude *blasée* em face dos confortos herdados, mas basta imaginá-los suprimidos para que se reavalie sua importância. Nem por isso desqualifico as angústias de quem vive hoje sua própria casa como uma crise permanente.

Herdeira do feminismo, esta geração para quem a repressão em todas as suas formas, sexual e política, é algo difícil de imaginar e compreender, é contemporânea da globalização, uma revolução ainda mais profunda nas regras de convivência e nas relações de trabalho, que instaurou a competitividade no plano global, acelerou os ritmos e fez da jornada de trabalho de oito horas uma ideia perfeitamente anacrônica.

As demandas sem limite, que as empresas impõem hoje a seus empregados, atingem homens e mulheres, o que não facilita em nada a vida delas que continuam, bem mais do que eles, próximas das exigências da vida familiar. Se antes o problema das mulheres era o acesso ao mercado de trabalho, ganhar a própria vida, o problema hoje é como se manter nele, sem soçobrar na maré alta da globalização.

O mundo do trabalho, hoje, tal como se organiza, ou desorganiza, põe a nu a natureza do problema que aflige mulheres jovens, um problema público, não privado, envolvendo muito mais atores do que um simples casal às voltas com as exíguas vinte e quatro horas, em que fazem caber o que antes seriam muitas vidas. O dia virou um leito de Procusto para quem trabalha e tem família. A empresa e a família estão se tornando grandes rivais.

Um problema só encontra solução quando é reconhecido como tal. A ocultação do privado é a verdadeira responsável pelo mal-estar cotidiano de homens e mulheres pois, na vida real, as vidas multifacetadas, as dimensões do público e do privado se misturam como as imagens de um caleidoscópio.

Rever a vida das instituições, suas temporalidades, imaginar soluções para o problema do uso do tempo de homens e mulheres, abrindo espaço para a vida afetiva, impediria que os laços que unem as duas esferas da vida se transformem em um nó impossível de desatar, amarrando as tentativas de compatibilizar igualdade e bem-estar. Albert Camus dizia que utopias são aquelas coisas que levamos muito tempo para conseguir. Este é um momento da história da humanidade em que cada indivíduo é chamado a escolher uma vida que faça sentido. Fazer sentido é de fato um fazer. Nada vem pronto. Agir de acordo com o que é importante para si é uma imensa responsabilidade, de cada um em face de si mesmo e de sua vida, o que implica ouvir seu próprio sentimento e o sentimento dos outros. O tempo pode ser nossa escravidão, mas é, certamente, nossa liberdade.

Cada geração tem sua causa, tributária, pelo sim ou pelo não, da que a precedeu. A uma nova geração de mulheres, dessa vez com o apoio dos homens, cabe a defesa de mais essa dimensão da liberdade. As feministas, que anunciavam "nosso corpo nos pertence", a teriam, talvez, chamado "nosso tempo nos pertence", "nossa vida nos pertence". Ou, quem sabe, Elogio da Diferença. Ou da liberdade.

R.D.O.
Julho de 2012

I - DICOTOMIA SEXUAL E DESIGUALDADE

*"L'ordre se cristallise
à partir de la masse changeante
du désordre virtuel."*
– SERGE MOSCOVICI

*"Sisterhood is blooming;
springtime will never be the same."*
– Slogan do movimento
de libertação das mulheres
(Estados Unidos, 1971)

O FEMININO COMO
CRIME POLÍTICO

É madrugada em Tebas quando, na véspera de seu noivado com o filho do rei, Antígona desliza para fora dos muros do palácio. Desafiando a proibição decretada por seu tio Creonte, ela vai cobrir de terra os despojos de Polinice, o filho rebelde de Édipo, morto em combate depois de conduzir o ataque de sete príncipes estrangeiros contra sua cidade natal.

Cada passo daqueles pés descalços na planície de Tebas aproxima Antígona de seu destino e põe em movimento a engrenagem da tragédia. A tragédia é o choque entre duas razões, duas verdades, duas lógicas. *Antígona*, de Sófocles, é o arquétipo da tragédia.

O enfrentamento entre a filha de Édipo e o rei, seu tio, exprime não apenas o conflito irredutível que opõe uma mulher a um homem ou os imperativos da consciência privada ao dever público, mas sobretudo o contraste entre a lógica do espaço público e a do espaço privado.

Creonte é o senhor do espaço público. Nesse território proibido às mulheres são os homens que fazem a Lei e ditam o Direito em nome da razão de Estado. Mas quando Creonte, invocando o interesse da cidade, proíbe que Polinice seja enterrado, Antígona se revolta. Ela não é uma mulher como as outras. É filha de Édipo, "filha selvagem de um Pai e Rei selvagem". Nascida da transgressão, condenada a transgredir.

Antígona foge de casa levando consigo a irmã Ismênia; essa primeira incursão na clandestinidade priva de testemunhas o diálogo entre as duas filhas de Édipo. Antígona confronta Ismênia à escolha que determinará, a seus olhos, se a irmã é fiel a sua estirpe ou se perdeu a nobreza dos sentimentos. Para se afirmar como verdadeira herdeira de Édipo, Ismênia deve acompanhá-la na missão que Antígona se atribui como vital: enterrar o irmão, Polinice, vítima e fratricida de Etéocles, tombados ambos numa guerra suja pela sucessão ao trono.

Dois filhos mortos, duas filhas vivas: é o que resta agora da linhagem de Édipo.

Creonte, que ocupa o trono, escolheu Polinice para o papel de traidor e Etéocles para o de herói. Etéocles será enterrado segundo os ritos e terá assim assegurada sua acolhida entre os mortos. Polinice, o traidor, será transformado em carniça, abandonado aos abutres, sem lágrimas nem funeral, morto sem sepultura, alma condenada a penar sem jamais encontrar repouso.

Esse é o decreto do Rei, a Lei da cidade. Contra eles se insurge Antígona, decidida a enterrar o irmão, salvando-lhe assim a alma e arrostando, nesse gesto, a condenação à morte. A eles se curva Ismênia, porque a Lei da cidade não pode ser ignorada e, sobretudo, porque "sendo mulheres não teremos jamais razão contra os homens, submetidas que somos a senhores e obrigadas a cumprir suas ordens".[1]

Insistir na transgressão é deixar-se seduzir pelo impossível. Mas o impossível é o horizonte de Antígona e ei-la pronta a cometer um tríplice crime político: ultrapassar os muros da casa, reduto protegido do feminino; entrar na política pela subversão da lei; e, finalmente, desafiar não só a lei do Estado, que condena seu irmão, mas a lei dos homens, que a condena, mulher, ao silêncio. Em face dela, Ismênia é contraponto, enunciando o Sim, moldada na adequação, conforme à norma, olhar baixo e assentimento. Sua obediência é vazada e atravessada em raio pelo Não de Antígona.

Ismênia e Antígona são duas versões opostas do feminino, dois possíveis no diálogo conflitual do feminino consigo mesmo: aceitar as leis fundadoras que separam estritamente o mundo dos homens e o mundo das mulheres, submetendo este àquele, ou subverter essa ordem, atravessando a fronteira entre o doméstico e o político.

O luto silencioso teria protegido melhor o corpo inquieto e já condenado que ganha a planície e vai ao encontro do seu destino, deixando para trás as certezas do feminino, o conforto do gesto repetido e aprovado, aplaudido e esperado. Do lado de fora, para além das fronteiras da casa, espera-a um conflito maior, mais irredutível, mais fatal. Diante dela ergue-se agora o tio, o rei, o homem.

Creonte entra em cena para cumprir o seu papel. Suas primeiras palavras, seu discurso aos cidadãos, sua plataforma de governo, são uma afirmação categórica do primado do público sobre o privado, execração da lealdade familiar que põe em risco o bem comum. O espetáculo do corpo de seu sobrinho deixado aos abutres só encontra justificativa na certeza inabalável de que ele está no poder para manter a lei contra tudo e contra todos e, sobretudo, contra a tentação do apelo afetivo que comove e enfraquece a integridade da *polis*.

Essa certeza se tece em fios, os mesmos que tecerão a teia em que ambos, Creonte e Antígona, cairão sem salvação possível.

Mais alguns minutos e ei-lo diante de uma menina desgrenhada, com as unhas sujas de terra, arrastada pelos cabelos como uma delinquente qualquer, princesa insolente que escapuliu de casa e da vida na véspera de se tornar a mulher de seu filho e, mais tarde, a mãe de seus netos.

Face a face, eles vão encenar a oposição irreconciliável de contrários, de naturezas distintas, e o enfrentamento da lógica do masculino com a lógica do feminino que, ao longo da história humana, se mantiveram tão radicalmente estrangeiras. Para Creonte, o triunfo de Antígona o desloca de sua posição de homem.

Essa mulher já mostrou sua insolência ao passar por cima das leis estabelecidas. Agora, já não serei mais eu, será ela o homem, se tiver, impunemente, tal triunfo assegurado.[2]

Antígona sabe que nasceu para o amor e não para o ódio e que nada a consolaria se deixasse sem sepultura um corpo nascido de sua mãe. Também sabe que as leis que desafia valem menos que outras, que vigoram desde o princípio dos tempos e que ninguém escreveu porque foram promulgadas pelos deuses.

Anarquia. Não era o poder inconteste? "A anarquia é o pior dos flagelos; ela arruína as cidades, destrói os lares, rompe as frentes de combate, semeia o pânico, enquanto a disciplina salva os que ficam em seus lugares. Por isso o nosso dever é defender a ordem e jamais admitir que uma mulher leve a melhor. É preferível tombar, se necessário, pelas mãos de um homem, do que ser considerado vencido por uma mulher."[3]

Inadmissível inversão das regras do mundo. Emergência de uma razão outra, alternativa ao senso comum, que vai ser a matéria da tragédia. À razão posta em questão só resta o recurso do assassinato ou do suicídio. Porque ela não é apenas uma expressão do poder discricionário, mas uma razão convencida de si mesma.

Desfazendo-se de Antígona, Creonte não escapa ao novo conflito que o espera. Hemon, seu filho, já acorre aflito, desesperado pelo destino de Antígona, jovem noiva de um casamento inconcluso. A lógica do masculino esbarra aqui em outra versão do masculino.

Assim como, na abertura da peça, Ismênia aparece como uma voz apaziguadora do conflito, agora será a vez de Hemon oferecer ao pai uma versão mais doce dele mesmo, mais flexível, menos absoluta em seus julgamentos, menos detentora de uma verdade única. Ele propõe a Creonte a imagem das árvores que, num vendaval, sabem se curvar e salvam seus galhos frágeis enquanto as mais rígidas acabam desenraizadas. Um coração capaz de voltar atrás no ódio, de ceder à ternura, seria garantia de uma existência mais fértil e de um melhor governo. Mas Creonte existe, assim como Antígona, na clave do absoluto. A seus olhos Hemon aliou-se às mulheres, deixou portanto de ser um homem e foi por elas escravizado, tornando-se joguete do inimigo e porta-voz de uma linguagem ininteligível.

Hemon, versão diluída do masculino; Ismênia, versão diluída do feminino: são coadjuvantes da tragédia de Creonte e Antígona, os mais autônomos personagens da literatura antiga. Autônomos no sentido próprio da palavra, os que têm lei própria. Eles são necessários um ao outro, um é a imagem invertida do outro, o Outro do Outro, imersos numa mesma paixão obsessiva de cumprir, implacavelmente, um destino. Como espelhos paradoxais, Antígona e Creonte refletem, em cena, a inegociável dissemelhança sexual que é feita, ao mesmo tempo, de estranheza e encantamento.

Masculino e feminino dialogam em contradita: Antígona fala com o corpo, seu centro é fora do tempo, sua temporalidade é o sempre, familiar por isso mesmo com o mundo dos mortos, o antes e o depois que envolvem a transcendência. Creonte é a contingência do agora, cuja temporalidade é histórica. Fala com a Razão que a política se atribui.

Creonte detém o poder temporal de jogar com os vivos e os mortos. Se Polinice teve, ao corpo morto, recusado o abrigo da terra, Antígona paradoxalmente será enterrada viva. Seu lamento derradeiro, sob seu último sol, se volta para o destino de mulher que ela poderia ter tido e que não teve e é, nesse momento de morte, sua única concessão à fragilidade. Ela chora a felicidade conjugal perdida, os filhos que não terá, o canto do Himeneu que não ouvirá e se dirige aos mortos. "Queridos pais, eis-me aqui, virgem e maldita que volto a vossa morada. (...) Creonte me prende, me priva de núpcias, de meu destino de esposa e mãe; sem amigos, sozinha, desço viva ao reino dos mortos: qual foi o decreto divino que violei?"[4] Fragilidade da coragem, pois que nada mais é temor nesse espírito que não visava o poder temporal mas o respeito à natureza que une os seres para além da vida e da morte, do tempo e da história; a feminilidade que chora a perda, na vida, da mulher, mãe e esposa.

A grandeza do personagem de Antígona vem também dessa fraqueza imensa que a invade na hora da morte, que não se parece com o arrependimento mas é um sentido agudo da tragédia que a atingiu, esmagando sua ternura.

Enquanto Antígona, privada de luz, diz seu lamento, sobre Creonte se abatem as trevas do mau presságio. A previsão de Tirésias é implacável. Antes que o sol se ponha ele pagará com o sangue do seu sangue, com a morte de um filho, o sacrifício de Antígona e a profanação do corpo de Polinice.

O desfecho é bem conhecido: Creonte tenta voltar atrás e, salvando Antígona, evitar que a dor se espraie, contaminando tudo e todos. Tarde demais, Antígona já havia se suicidado; Hemon mata-se na frente do pai e Eurídice, mulher de Creonte, inconformada com o suicídio do filho, o acompanha na morte. Resta a Creonte, como antes a Antígona, o lamento, invocação da morte – esperada, desejada, urgente – porque possível encontro marcado com os seus. O poder temporal, vencido, humilhado, dissolve-se na esperança do tempo infinito.

Antígona e Creonte tombam prisioneiros de suas verdades. O conflito que os opõe é sem saída. Suas lógicas se negam e se excluem sem transigência possível. Antígona não pode nem quer contemporizar. Seus atos a condenam. Creonte pode apenas confirmar uma sentença já contida na proibição que Antígona escolheu transgredir. Se Antígona deve desafiar Creonte para cumprir seu destino, para ele, o rei, o Homem, seus atos são desvario, loucura, desordem que leva ao caos. Ambos serão punidos, mas a lei dos homens permanece a lei da sociedade.

Condenada ao exílio perpétuo, culpada de invadir o território dos homens com a lógica do feminino, Antígona será banida do mundo dos vivos sem encontrar abrigo ou repouso no reino dos mortos. Nem mesmo a filha de Édipo pode, impunemente, subverter a ordem do mundo.

O mito de Antígona atravessou os tempos, como o eco insistente de uma voz a cada vez reencontrada. Nascida do imaginário humano, o imaginado, como num sonho recorrente, repercute representações fundamentais de nossa identidade sexual.

Como bem ensina George Steiner,[5] assim como Édipo, Electra, Prometeu ou Ícaro, Antígona, sob o aspecto de figura mítica, é uma "personificação coletiva" e seu enfrentamento com Creonte encena um conflito psicossocial primordial: a segregação de homens e mulheres em territórios físicos e psíquicos separados, assimétricos e complementares.

Tanto quanto as mãos espalmadas no fundo das cavernas ou os templos erguidos nas colinas à glória dos deuses, os mitos são testemunhos do fenômeno humano. São ondas do inconsciente coletivo que vêm dar nas praias de todos os séculos. Chegam a nós sempre os mesmos, mas reinventados. Despertam sentimentos contraditórios, uma espécie de memória do já vivido – e por isso reconhecível –, mas também a surpresa do inédito. Os mitos são feitos de agora e de outrora.

Antígona é um desses mitos, talvez o mais persistente, que vem envolvendo gerações com sua força encantatória, provocando identificações, servindo de metáfora a oposições irreconciliáveis. Cada geração visita Antígona com a angústia do seu conflito e encontra nela um espelho que preenche com as imagens e os fantasmas do seu tempo. De Goethe a Brecht, o pensamento ocidental tem mergulhado na tragédia de Sófocles, no enfrentamento de uma jovem princesa rebelde e de um velho rei implacável para, através dele, dramatizando seu tempo, evocar o choque da consciência privada com o direito público.

Revisitar Antígona no fim do século XX é cumprir o destino do pensamento ocidental que, em adesão ou revolta, vive seu eterno retorno às tragédias da Antiguidade. Múltiplas são as oposições ontológicas que à tragédia de Sófocles coube espelhar: entre a juventude e a maturidade, vivos e mortos. O confronto homem/mulher, a colisão irremediável dos universos contíguos e contraditórios do feminino e do masculino, atualiza-se no fim do século XX quando as brasas do feminismo ainda esquentam nossa atmosfera social, tornada irreconhecível pela quebra do paradigma ancestral que separava o mundo dos homens do das mulheres.

Na evocação de Antígona ecoa a inconformidade de gerações de mulheres que, nos últimos vinte anos, recusaram o decreto de ausência e de silêncio que as excluía do político, desafiaram a condenação social e pisaram, ainda que com passo incerto, os territórios do Masculino. Esse eco vem se fazendo tanto mais audível quanto mais – passados os primeiros esforços para se tornarem presentes e eloquentes – as mulheres buscam, nessa presença e palavra, exercer no político a lógica do Feminino.

Se nos primeiros tempos do feminismo as mulheres exercitavam-se na lógica do Masculino como numa língua estrangeira para melhor se fazerem entender no espaço público e ainda assim encontravam resistências e incompreensões que lhes pareciam injustas e excludentes, hoje muda o tom no acidentado diálogo homem/mulher.

A voz feminina evoluiu da modesta ambição de se fazer simplesmente ouvir no espaço público para, bem mais contundente e infinitamente mais subversiva, lá tentar dizer uma nova Razão, a Razão do Feminino. Reencena-se assim, no enfrentamento moderno, o desafio de Antígona e Creonte. No espelho de Antígona, em que tantos se quiseram refletidos, as mulheres de hoje descobrem um rosto arquetípico. Em tempos de oposição irredutível, a frágil princesa tebana – que, afirmando lei própria, negou a autoridade do Rei e do Homem –, pele nua do Feminino, volta ao proscênio, viva, fugitiva do esquecimento, e acena às novas gerações.

A SEPARAÇÃO DE MUNDOS: PENSAMENTOS, PALAVRAS E OBRAS

Induzida pela problemática do nosso tempo, a leitura de Antígona enquanto explicitação de imemorial dessemelhança entre os sexos encontra respaldo na antropologia moderna, que constatou, na fantástica diversidade de tipos de sociedade, na inumerável multiplicidade de modos de organização e de relação entre os seres humanos, o refrão da diferença sexual como alicerce da própria cultura. Espelhando e espalhando essa diferença em todos os campos da experiência de cada um, a modelagem da imagem e da função de cada sexo, independente da lógica que a preside, que varia e se contradiz, afirma, no entanto, sempre e em todo lugar, o princípio da separação e da diferença.[6] Ainda que com desenhos diversos, Masculino e Feminino se fizeram constantemente presentes, nenhuma cultura ousando diluí-los na indiferenciação do humano. Pouco importa que variem os conteúdos do universo de cada sexo, mantém-se o "dualismo sexualizado" que inúmeros mitos reafirmam em linguagem simbólica e que Georges Balandier qualifica de "paradigma de todos os paradigmas".

O universo cultural e social humano se organiza em torno do eixo da dicotomia sexual, associado cada polo a um campo de atributos e qualidades em que se exprimem diferença e complementaridade: quente/frio, duro/mole, dia/noite, sol/lua, potência/fertilidade, guerra/fecundidade, ordem/desordem, ativo/passivo, superior/inferior etc. A "ordem da vida" se fundamenta nessa oposição entre os sexos, nessa "lei da união dinâmica das diferenças, dos contrários". Mas essa lei, tão generalizada e de tal força que parece revestir-se das características de regra universal da natureza humana, nem por isso deixa de ser percebida pelos homens como incerta e vulnerável.

No imaginário masculino, as mulheres, percebidas não só como diferentes mas, sobretudo, como inferiores, ocupam, paradoxalmente, o lugar de "metade perigosa da sociedade". Mais perto da natureza selvagem que da "paisagem humanizada", detentoras da fertilidade da terra e da fecundidade do grupo, delas provém a ameaça suprema de que, caso rompam a relação primordial de alteridade/oposição e recusem-se aos homens, estiole-se o solo e aniquile-se a espécie. "Em razão mesmo de sua situação de alteridade, a mulher é definida como perigosa e antagônica. Em virtude dessa relação de oposição, é frequentemente associada às forças da mudança que corroem a ordem social e a cultura estabelecida." [7]

Para o homem a mulher é, antes de mais nada, a outra, um outro, muito mais que a parceira; essa estranheza se exprime nos sistemas simbólicos e de representação e se realimenta, reforçando a fronteira intransponível que separa fazeres e saberes de homens e mulheres.

Arcaico, intocável, o desenho dessa fronteira acompanha a filogênese, seu traçado se perde lá onde caça e colheita, ao se diferenciarem, transformam diferenças biossociais, como entre os primatas, em diferenças no estar no mundo, cada sexo se especializando em uma determinada relação com o meio ambiente.

Essa especialização transforma as relações de cada sexo com o meio ambiente e dos sexos entre si. Constituem-se um mundo de homens e um mundo de mulheres, lado a lado mas incomunicáveis, e seus traços característicos tornam-se cada vez mais nítidos.

*Masculino e feminino desenvolvendo cada um sua própria sociabilidade, sua própria cultura, sua própria psicologia, a diferença psicocultural se reforça e torna mais complexa a diferença físico-endócrina.*⁸

De geração em geração, cada sexo comprometido com um aspecto da realidade – e só com aquele – reafirma a coexistência de dois universos, construídos separadamente e sustentados por práticas estrangeiras uma à outra. Atravessando todos os aspectos da existência – espaço, trabalho, habitação, linguagem, comida, mito e magia –, a dicotomia sexual é uma vivência inconfundível do fazer e do saber, que reproduz os laços com um aspecto determinado do meio ambiente. Porque o meio ambiente é bem mais que uma fonte passiva de recursos naturais que os homens exploram no esforço de sobreviver.

*O meio ambiente é um livro, uma obra escrita por muitas gerações, que nela imprimiram as noções de movimento, distribuíram a flora e a fauna em espécies reconhecíveis, desenharam trajetórias ligando suas moradas em função do sol, dos rios e das montanhas, atribuíram um sentido aos ruídos e às cores, assinalaram os acontecimentos que pertencem ao dia ou à noite, e à sucessão das estações. Durante os anos de sua iniciação, o jovem decifra essa obra, imbui-se dela, incorpora-a como patrimônio.*⁹

Ao se reproduzir, a sociedade reproduz, na verdade, a diferença entre suas metades, especificando a relação de cada uma delas com o meio ambiente.

Se a constatação da coexistência de territórios do masculino e do feminino se impõe como evidência, bem mais obscura é a origem da hierarquia que fez do masculino a autoridade política e social, impondo seu modelo a todas as dimensões da convivência humana. Tentando iluminar essa zona de sombra, Edgar Morin sugere que a afirmação da superioridade masculina coincide com o nascimento da família enquanto microestrutura social.

A família é um subsistema aberto para o sistema social. O pai-esposo pertence à classe dos homens, a mulher ao grupo das mulheres, o filho, a partir de certa idade, ao grupo dos jovens não iniciados. Por essa abertura, a família vai se articular à sociedade com a organização do parentesco e a regulamentação da sexualidade, os quais vão se ligar, pela instituição da exogamia, a uma nova abertura da própria sociedade para outras sociedades aliadas, donde a elaboração de um metassistema macrossocial.[10]

Esse processo de complexificação social está estreitamente ligado à extensão e ao aprofundamento do poder masculino, principalmente pelo viés da proibição do incesto, fenômeno que, juntamente com a dicotomia sexual, goza do privilégio da universalidade nas sociedades humanas.

"Princípio fundador da cultura", a proibição do incesto regulamenta a distribuição social do bem raro que são as mulheres, estabelecendo – através de uma troca entre homens, em que as mulheres só entram como objeto da partilha – as condições de uma aliança entre eles, fundada no pátrio poder. As regras de parentesco e casamento revelam assim sua significação profunda enquanto estruturas de dominação.

A relação global de troca em que se funda o casamento não se estabelece entre um homem e uma mulher, na qual cada um dá e recebe alguma coisa; ela se estabelece entre dois grupos de homens. A mulher é o objeto da troca e não um dos parceiros entre os quais a troca ocorre. O vínculo de reciprocidade que funda o casamento não se estabelece entre homens e mulheres, mas entre homens por intermédio das mulheres, que são apenas a principal ocasião para o estabelecimento desse vínculo.[11]

Ditadas pela lei da exogamia e pela proibição do incesto, as regras do casamento fundam a relação de assimetria social radical entre os sexos. Um homem só pode obter uma mulher de outro homem. Para os homens, essa troca de mulheres é um dom que provoca um contradom, o que instaura um vínculo social entre eles, um sistema de alianças fundamentado na reciprocidade. Para as mulheres, ao contrário, a troca acarreta sua redução ao status de objeto: não passam de moeda de troca, signos e emblemas do status dominante dos homens.

Serge Moscovici, descrevendo e interpretando o processo de separação e hierarquização entre o sexos, reforça essa ideia.

O universo masculino e o universo feminino deslocam-se ao longo de duas órbitas distintas, em direções opostas. Os homens vivem num mundo de símbolos, as mulheres num mundo de valores; aqueles conhecem o casamento através da aliança, estas a aliança através do casamento, para eles o parentesco é um meio, para elas é um fim. A proibição do incesto marca a passagem da natureza para a cultura, mas ela é também a passagem de um estado em que o mundo feminino e o mundo masculino eram equivalentes a um estado em que este tem precedência sobre aquele, e que marca com um sinal positivo tudo o que nele se inclui e com um sinal negativo tudo o que dele está excluído.[12]

A discriminação e a desigualdade, instauradas pelas regras do parentesco e pela dicotomia sexual, dividem a sociedade em duas partes. Esse dualismo hierarquizado penetra e atravessa todas as dimensões da vida e determina um processo diferenciado de transmissão e de aquisição de conhecimentos, valores e modos de comportamento.

Cada fração da sociedade encontra-se associada a uma fração do real pelo jogo das barreiras erguidas e das proibições editadas, fronteiras de seu horizonte intelectual e prático, garantindo assim a preservação da especificidade de funções e poderes. Desde o nascimento, o sexo determina o lugar do indivíduo de um lado ou de outro da fronteira, primeira seleção que será reafirmada pela prática social.

Se o casamento sela a aliança e a cumplicidade entre os homens por intermédio das mulheres, à iniciação caberá ritualizar e confirmar a dominação dos homens sobre as mulheres por intermédio da criança do sexo masculino. O objetivo fundamental dos inúmeros ritos de passagem que perpassam as sociedades humanas é justamente o de afastar o menino da mãe, substituindo-a pela comunidade dos homens. Iniciar uma criança quer dizer definir-lhe o sexo. Identificando-se com os homens, afirmando sua masculinidade, o jovem do sexo masculino quebra seus vínculos com o tempo da infância e com o mundo feminino e experimenta um segundo nascimento, um nascimento social pelo qual se incorpora como membro efetivo à comunidade dos homens.

A iniciação é, antes de mais nada, o esquecimento da infância – feminina –, do vivido e aprendido junto às mulheres, através de uma sucessão de provas que o jovem tem que vencer para se fazer admitir na idade adulta, masculina.

Essa passagem é inseparável de uma certa violência, em atos e palavras. Gestos e ritos, cantos e mímica, representam a luta dos homens contra as mulheres; os homens ganham essa luta e afirmam sua primazia, o que indica bem o caráter doutrinário da iniciação.[13]

Na iniciação, a tarefa dos homens é retirar o menino do mundo das mulheres, isolá-lo num lugar oculto e sagrado, à margem da sociedade, onde, submetido ao sofrimento e à dor, o menino comprovará sua virilidade. Essa provação reveste-se dos contornos de uma morte simbólica, a morte do menino, que pertencia ao mundo das mulheres e que, pela experiência da dor e pelo desvelamento do mistério, renascerá homem e adulto. O teste é pessoal e individual mas a encenação é social e coletiva. Subtraindo os jovens às mulheres e comandando o rito de passagem, a classe dos homens reafirma, de uma só vez, três poderes: sua ascendência sobre as mulheres, a preeminência dos adultos sobre os jovens e o corte entre o mundo dos homens e o mundo das mulheres.

O tema básico do rito iniciático é a posse, pelas mulheres, em virtude de seu poder de gestação, dos segredos da vida. O papel do homem é incerto, indefinido e talvez desnecessário. A compreensão dessa inferioridade básica exige deles um grande esforço, exige a descoberta de uma maneira de superá-la.... A retirada dos meninos do mundo das mulheres, marcados como seres incompletos a serem transformados em homens pelos homens, atualiza esse poder compensatório. Assim, as mulheres engendram os seres humanos mas só os homens podem produzir outros homens.[14]

A construção da identidade sexual dos meninos exige o recalque da feminilidade adquirida com mulheres, relega ao esquecimento o materno e obriga à renuncia dos traços desse mundo feminino de que se embeberam na infância.

O medo do Outro, duplicado pelo medo do Mesmo, exprime psicologicamente o dualismo conflitual dos sexos. Esse dualismo reforça o sentimento de identidade de gênero e explica a repressão do outro, objetivamente nas relações sociais e subjetivamente dentro de si mesmo.[15]

Tudo na iniciação confirma a "terrível ameaça" que constitui a confusão dos sexos, a indiferenciação sexual, o apagamento das fronteiras que limitam o feminino e o masculino.

George Lapassade confronta a interpretação sociológica da iniciação, que enfatiza seu significado de preparação para a maturidade e para o mundo das regras sociais, com uma leitura psicanalítica, que a examina a partir do ponto de vista inverso, de proibição da infância e renúncia a seus desejos incontroláveis. Ele opõe, assim, à concepção de Durkheim, para quem a iniciação é sobretudo uma "escola de moral social" que permite ao homem dominar em si a natureza e realizar em si a sociedade, interiorizando suas normas e regras, a visão de Reik, para quem o sentido oculto dos ritos de passagem é a proibição dos desejos primitivos fundamentais da criança: o incesto e o parricídio.

A iniciação institui, assim, uma ordem cultural na qual a desordem inicial do desejo encontra a regra dos homens.[16]

As leituras do fenômeno da iniciação são múltiplas, mas sua significação profunda gira em torno de um eixo comum. Quer a iniciação exorcize a parte de feminino que cada jovem traz em si para confirmá-lo na virilidade, quer ela sirva para retirar a criança da mãe e vinculá-la à classe dos homens, quer ela faça o jovem esquecer o tempo da inocência doméstica e sua vivência no mundo das mulheres, quer represente para o iniciado um segundo nascimento social depois do nascimento biológico, quer marque o recalque dos desejos proibidos da infância e sua inserção na sociedade com a aceitação de suas leis e obrigações, quer sancione a passagem da natureza para a cultura, do espaço privado para o espaço público, quer ela privilegie em cada sociedade um ou alguns desses sentidos, ela reafirma sempre uma polaridade fundamental: o feminino é o infantil e o natural, o masculino é o adulto e o social.

Feminino e Masculino se opõem e se contradizem. Misturadas e assimiladas às crianças, as mulheres são relegadas à parte obscura da sociedade, fração próxima da Natureza, com suas pulsões selvagens e irracionais, metade subalterna e perigosa que deve ficar confinada em um espaço restrito e controlado.

Está implícita nesse corte entre Masculino e Feminino, nessa partilha desigual, a exclusão das mulheres do mundo adulto. As mulheres são relegadas a um magma em que se confundem com as crianças, concretizando-se assim um deslizamento pelo qual o Feminino se infantiliza enquanto os homens se definem pelos atributos e finalidades próprios ao adulto: chefes, guerreiros, caçadores, sacerdotes, são homens que produzem as regras e valores que fundam a cultura e a sociedade.

Na polissemia dos ritos iniciáticos, marcando o limiar da idade adulta, o preço do tornar-se homem é a renúncia ao mundo feminino – onde reside a memória nostálgica do prazer infantil e do pertencimento indiferenciado ao Materno. Constituir-se em homem significa aceitar essa separação pelo esquecimento e pela renúncia, partilhando o destino de seus ancestrais que, a esse preço, construíram as regras e normas sociais.

A memória do corpo materno, associada ao prazer, é a ameaça maior à maturação pela qual o menino abandona a infância para ingressar no mundo dos homens. Em consequência, as mulheres, que não se podem separar do próprio corpo e que renovam em cada maternidade uma mesma experiência fusional, veem-se condenadas, do ponto de vista da lógica masculina, à exclusão do mundo adulto, visto que levam em si mesmas, inscrita no corpo, a marca indelével da subversão do princípio de realidade, fundamento do mundo adulto e masculino.

A maternidade, que poderia servir como linha de demarcação entre a infância e a idade adulta da mulher, na verdade tem sua significação escamoteada, habita uma zona de sombra. Ela não traz em si, como experiência, um movimento de separação de um vínculo visceral, mas, ao contrário, reencena, fora do ventre, a visceralidade desse vínculo. Alimenta-se dos sentimentos de proteção e comunhão enquanto a iniciação masculina busca separação e colaboração. Prolonga o natural, enquanto a iniciação funda o social pelo estabelecimento da Lei. É essa subversão inerente à relação mãe-filho que instaura nos homens o sentimento de temor e inquietação em face do Feminino, pois que este é vivido como apelo que não pode ecoar, saudade a que não se obedece, passado irreversível mas que ameaça se insinuar, contemporâneo. O ponto de vista dos homens transforma a mulher adulta em paradoxo.

AS MULHERES NO MUNDO DOS HOMENS: MAL-ESTAR, DESVIO E CONFLITO

Todo o ímpeto cultural humano atribuiu-se como destino a escultura do mundo ao sabor de seu engenho, o desvendamento do mistério da vida, o desafio à fatalidade da morte. Ruptura com o pertencimento à Natureza, negação dos limites dos frágeis sentidos, inconformismo ante o obscuro que a ciência, como uma vela acesa, revela em sua amplitude mais do que ilumina, a cultura humana traz o selo do desejo insaciável.

Interrogando-se, infatigáveis, sobre sua relação com o Universo, os homens inventaram deuses, se fizeram deuses, destruíram esses deuses, se destruíram a si próprios, no afã de se destacarem da rotina da Natureza e de se instituírem em sujeitos face a ela, a ela exteriores. Nessa e dessa exterioridade nascem os sentimentos de predador, assim como sua pretensa legitimidade. O meio ambiente – ou a "Natureza objetiva", na expressão de Jacques Monod –, exposto à manipulação dos homens, é por eles vivenciado como objeto a ser transformado, obediente ao humano desejo de profanação.

Uma zona de sombra parecia, no entanto, subtrair-se a esse destino de movimento, como um território sagrado, infenso à mutação. O Feminino, seus ritmos e gestos ancestrais, o eterno feminino dos poetas, memória comum a todos os homens, confundiu-se com a Natureza, envolvido numa mesma passividade que, curiosamente, a cultura humana, que aqui já se pode nomear masculina, eximia-se de ativar.

Essa cultura masculina alimentou representações das mulheres como seres anfíbios, mais instintuais que os homens:

alheias à Razão, rebeldes à domesticação, como se, nelas, a Natureza guardasse seus direitos de permanência, de imutabilidade, de regularidade.

Naturalizadas, as mulheres não foram incorporadas ou tornadas significativas na cultura humana/masculina. O confinamento do sexo feminino em uma relação limitada com apenas alguns aspectos do meio ambiente, fruto da diferenciação sexual, traduziu-se em desigualdade de status e poder, tornando-se hierarquia que, por seu caráter invariante, passou a ser percebida como um dado do comportamento humano, inscrita no corpo e por ele ditado, e que as representações mitológicas e ideológicas só fizeram confirmar.

Permanência e regularidade pautaram desde sempre a existência feminina, legitimadas em nome de injunções naturais que serviram de explicação à relação de poder e hierarquia em que as mulheres representam o polo dominado. É sobre o pano de fundo dessa dominação que o humano se constrói em oposição à Natureza, ao passo que o feminino se constrói pela assimilação das mulheres à Natureza. Esse decreto de imutabilidade pesou sobre as mulheres, constituindo-se em uma espécie de ponto cego no combate espetacular e sem trégua que a cultura humana ofereceu aos determinismos e limitações de sua biologia.

O século XX preparou, porém, uma surpresa a essa imutabilidade e deu razão à bióloga Odette Thibault, que, nos anos 1970, chamou a atenção para a armadilha inerente a toda explicação das relações de dominação entre homem e mulher que se ativesse apenas à determinação do sociocultural pelo biológico.

Se falar da biologia, em se tratando de mulheres, parece perigoso, é porque no passado, e ainda agora, há quem invoque, para definir a feminilidade, uma "natureza" predeterminada e fixada de uma vez por todas, justificando assim a desigualdade de status masculino e feminino. Nesse sentido, poder-se-ia dizer, parafraseando Freud, que, para a mulher, "a biologia é o destino". Mas o privilégio da espécie humana — mulheres e homens — é justamente o devir.[17]

Ora, é esse devir, essa "história humana da Natureza", que o século XX veio revelar em toda a sua complexidade. Como nunca antes, Natureza e Cultura descobrem agora sua insolúvel solidariedade, sua implacável imbricação, seu destino comum. As "construções" que a ciência e a tecnologia têm produzido sobre a Natureza objetiva, e suas consequências; em face dessas consequências, a crescente consciência humana de pertencimento à Natureza; a dimensão de "artefato" que a ciência, e a medicina em particular, têm acrescentado ao corpo humano: todos esses fatores concorrem para fazer emergir a ideia de uma natureza culturalizada e de uma cultura natural. A velha dicotomia Natureza/Cultura tende a ser ultrapassada por uma nova maneira humana de se encarar, dentro da Natureza, o humano realizando no meio ambiente e em seu próprio corpo acoplamentos sucessivos que o transformam e as transformam, sendo esse um único e mesmo processo.

Depois do contrato social, estamos hoje no tempo do contrato natural. Somos contemporâneos de uma revolução nos termos de um novo pacto da Cultura com a Natureza, o que repercute na renovação dos termos de um outro pacto, o da Ciência com o Social. Neste, são sobretudo as mulheres que estão em jogo.

Foi no século XX que a Ciência profanou a imutabilidade do Feminino. A descoberta da contracepção, introduzindo liberdade cultural onde antes só se conhecia fatalidade natural, permitiu às mulheres, pela primeira vez, separar prazer e procriação, no mesmo movimento pelo qual experimentam no próprio ventre a culturalização da Natureza.

Essa brecha que se abre na existência feminina abala todo o edifício da relação entre os sexos. As consequências sociais e morais da prática generalizada de contracepção vão introduzir no espírito feminino a mais subversiva das convicções: nosso corpo nos pertence. A libertação do prazer e do desejo das mulheres constitui a grande ruptura na história feminina, abertura que vinha, mais ou menos imperceptivelmente, se preparando desde o século XVIII.

O questionamento de um arcaísmo fundamental como o da hierarquia sexual não pode ser reconstituído através de esquemas explicativos, ligando causa e efeito. Entrelaçam-se inovações no plano das técnicas e relações de produção, descobertas científicas e mutações tecnológicas, alterações importantes dos quadros de referência sociocultural e emergência de novas aspirações, valores e formas de conduta, que induzem à entrada progressiva das mulheres no espaço público.

Uma sociologia egocêntrica ou um economicismo primário têm tentado chamar a si, exclusivamente, a explicação do apagamento progressivo de fronteiras entre o masculino e o feminino. Na verdade são inúmeros os fatores que interagem e se remetem uns aos outros, criando um processo de desorganização da antiga relação entre os sexos ou, visto de outro ponto de vista, criando uma nova organização, imprevisível, impensável e, por isso mesmo, ameaçadora.

Aprisionadas dentro dos estreitos limites do espaço doméstico e confinadas nas tarefas femininas tradicionais ou integradas por baixo ao mercado de trabalho criado com as novas manufaturas, as mulheres, no início da Revolução Industrial, continuavam a ocupar um lugar social "interior" e/ou "inferior".[18]

O acesso ao mundo do trabalho assalariado não foi uma livre escolha das mulheres nem se traduziu, para elas, em maior bem-estar e independência. Foi a miséria que as empurrou para as fábricas, onde se viram obrigadas a desempenhar os trabalhos mais penosos e pior remunerados.

Nesse mesmo momento, no outro extremo da hierarquia social, mulheres ilustradas se esmeravam em rivalizar com os homens em finura de espírito: precursora tentativa de protestar, no mundo aveludado dos salões, contra o hiato entre o discurso esclarecido de uma burguesia em ascensão, a favor da igualdade de direitos entre todos os cidadãos, e uma realidade cotidiana que mantinha as mulheres, inclusive aquelas dos estratos sociais superiores, numa situação de submissão e dependência.

O sucesso de Molière com Les femmes savantes e Les précieuses ridicules não detém um tempo apressado em trazer consigo um mundo novo.

A Declaração dos Direitos da Mulher, de Mary Woolstonecraft, convive com Sofia que, saída da costela de Emílio, tem como horizonte a cozinha. Que Rousseau e Germaine Necker se insultem a propósito da relação entre os sexos não impede que uma certa Madame de Staël ignore Sofia e dê à luz Corinne.

Essa contestação vinda de cima vai se prolongar e amplificar, na segunda metade do século XIX, numa reivindicação de igualdade entre os sexos no plano das instituições políticas e dos direitos civis. Paralelamente, na base da sociedade, a superexploração da mão de obra feminina acarreta uma participação crescente das mulheres nas lutas para melhorar as condições de trabalho, apesar dos preconceitos de operários e sindicalistas que se preocupavam tanto com preservar a supremacia masculina no seio da família quanto com proibir o acesso das mulheres à fábrica, sob o argumento de que elas constituíam um exército industrial de reserva desorganizado e barato, facilmente manipulado pelo patronato.

De fato, ao dar origem a uma mão de obra feminina, a Revolução Industrial introduz uma primeira ruptura no paradigma da diferenciação de mundos, na medida em que separa a casa do lugar de trabalho e confronta homens e mulheres às mesmas máquinas, ritmos e exigências da produção fabril.

Já as mobilizações de massa das *suffragettes* – que, enfrentando a crueldade do ridículo com que se tenta cobri-las e encobrir a violência crua que as espera nas ruas, reivindicam o direito de voto – quebram um segundo tabu da separação hierárquica entre os sexos ao invadir a *polis*, o espaço político que até então era território privativo dos homens.

Nas primeiras décadas do século XX o direito de voto é progressivamente concedido às mulheres, mas essa conquista formal em pouco muda seu lugar social subalterno. Para muitas mulheres, como Rosa Luxemburgo, ativamente engajadas nas lutas sociais de seu tempo, a libertação da mulher pressupõe a libertação da humanidade. Para as militantes do socialismo emergente a igualdade entre homens e mulheres se confunde com a igualdade entre todos os homens, a oposição entre as classes tem primazia sobre a hierarquia entre os sexos, o particular se dissolve no universal.

Contemporâneas dessa febre de igualdade, algumas vozes, minoritárias, quase inaudíveis, denunciavam a discriminação penetrando mais fundo, para além da luta pelos direitos civis ou do combate contra a exploração material. Aos parâmetros de igualdade política e social com o homem, tomado como padrão e ideal do humano, essas vozes contrapunham seu protesto apoiado na originalidade do espaço interior das mulheres, afirmando o feminino como um ponto de vista específico sobre o mundo.

Virginia Woolf, analisando a literatura feminina, esboça essa linha de pensamento e planta, em suas famosas conferências no Giron College, a semente de uma ideia que só iria frutificar cinquenta anos depois: a importância da diferença no debate sobre a igualdade.

Perguntando-se sobre a influência do sexo na integridade de um romancista, "essa integridade que considero ser a espinha dorsal do escritor", ela observa:

Ora, é evidente que a escala de valores das mulheres é diferente da escala de valores do outro sexo, o que é perfeitamente natural. Contudo, são os valores masculinos que predominam. Sejam francos, futebol e esporte são coisas importantes; culto da moda, comprar roupas, são "futilidades". E é inevitável que esses valores sejam transportados da vida para a ficção. A crítica declara que um livro é importante porque ele trata de guerra. E que outro é insignificante porque trata dos sentimentos de uma mulher dentro de casa. Uma cena em um campo de batalha é mais importante que uma cena em uma loja. Por todo lado e de maneira infinitamente sutil, a diferença de valores existe. Por isso, no começo do século XX, toda a estrutura de um romance se construía, quando era obra de mulheres, com um desvio de prumo, forçada a mudar sua visão das coisas em deferência a uma autoridade externa a ela.
(...)
Mas o quanto lhes deve ter sido difícil andar no fio da navalha. Que gênio, que inteireza tiveram que ter, face a todas as críticas, vivendo em plena sociedade patriarcal, para que se mantivessem fiéis a seus pontos de vista, à coisa tal como elas de fato a viam, sem bater em retirada. Só Jane Austen teve esse gênio e essa inteireza, e também Emily Brontë... Elas escreviam como escrevem as mulheres e não como escrevem os homens.[19]

A procura desse espaço psíquico de liberdade, desse "quarto para si", vai-se revelar, entretanto, num primeiro momento, tão fugidia e ilusória quanto as esperanças postas na utopia revolucionária.

Acontece de se ter razão antes do tempo ou de não se ter os meios de seus próprios fins. Se a rebeldia individual, a minoria de um, está condenada a se estiolar pelo isolamento e pela estigmatização, movimentos coletivos também podem fracassar por se terem enganado de estratégia.

Nem a igualdade com os homens – como decorrência da implantação do socialismo – nem o feminino como ponto de vista próprio e, por isso mesmo, crítico, se afirmaram no começo do século XX. Os fundamentos da opressão feminina serão, de fato, abalados com a entrada maciça das mulheres no espaço público e com o fim do controle da sexualidade feminina pelos homens, o que só acontecerá com o advento das sociedades industriais avançadas.

A irrupção das mulheres enquanto protagonistas no cenário político, social e cultural se inscreve no quadro de uma alteração mais ampla, uma verdadeira crise de civilização que, no fim dos anos 1960, abala os princípios e valores que garantiam a ordem social e o consenso ideológico das sociedades industriais do Ocidente.

O impulso igualitário, suscitado pelas lutas contra a discriminação racial e o colonialismo, o questionamento do saber estabelecido, da razão científica e da política institucionalizada, a busca de um reencantamento do mundo e da vida em reação contra a uniformização e o gigantismo da sociedade pós-industrial, a emergência da questão ecológica, todas essas aspirações a uma vida outra, a um mundo diferente, "aqui e agora", convergem para abrir uma nova brecha nas fundações da sociedade. Aparecem fissuras e rupturas onde antes só se viam passividade, conformismo e prosperidade material.

L'esprit du temps torna-se próprio à mudança. Alargam-se os limites do campo do possível. Nas palavras de Edgar Morin, "O que é problematizado em profundidade, no próprio seio da sociedade ocidental, é o modelo, até então implícito e inconteste, da superioridade branca, ocidental, adulta e viril." Na verdade, é o paradigma da hierarquia que é atacado pelo questionamento de um de seus alicerces mais antigos e mais sólidos: a dominação das mulheres pelos homens.

A entrada maciça de mulheres instruídas no mercado de trabalho e a desvalorização da vida no lar contribuirão fortemente para apagar a fronteira entre o privado e o público, entre o feminino e o masculino, e para quebrar a antiga identidade feminina, centrada na ideia da mulher que se realiza nos fazeres e saberes da casa.

As bases industriais da sociedade incitam as mulheres a saírem de casa, a deslocarem seu desejo de realização para outros planos, a contestarem sua segregação no espaço da família. No decorrer dos anos 1960 as mulheres investem no espaço público.

Entretanto, é justamente nessa tentativa de integração em pé de igualdade ao mundo dos homens que elas vão esbarrar em obstáculos que transformarão a reivindicação de igualdade em uma armadilha que terminará pondo em crise sua identidade psicossocial.

Trabalhado por Erikson,[20] o conceito de identidade psicossocial tenta operar uma síntese entre os componentes de ordem psicológica e sociológica que entram na definição da personalidade inserida em seu contexto social.

> A identidade se liga ao grupo enquanto mediação sintética entre a essência individual e a essência de uma cultura comum. (...) A natureza de uma determinada identidade, longe de ser o resultado de um consenso estabelecido por todos, constitui, ao contrário, o lugar privilegiado da expressão dos conflitos ideológicos próprios a uma sociedade.[21]

No esforço de se ajustarem ao novo perfil que emerge da ruptura de sua antiga identidade, as mulheres se veem obrigadas a tentar tornar compatíveis dois estilos de vida, dois registros intelectuais e afetivos, dois modelos de conduta cotidiana. Definidas por uma norma e um modelo que lhes são impostos, elas têm de aceitar o paradoxo do universal e do particular, colocado por uma sociedade que as universaliza como produtoras e as particulariza como mulheres.

Diláceradas por pertencerem, simultânea e conflituosamente, ao espaço privado, ao mundo do lar e da família, regido pelas emoções, pelos sentimentos e pela afetividade, e ao espaço público, ao mundo do trabalho regido pela agressividade, pela competitividade e pelo princípio do rendimento, as mulheres descobrem que o acesso às funções masculinas não basta para assentar a igualdade e que a igualdade, compreendida como integração unilateral no mundo dos homens, não é a liberdade.

Interpretando o movimento de mulheres, então em plena efervescência, Herbert Marcuse chamava a atenção, já no início dos anos 1970, para o fato de que as mulheres querem e necessitam de bem mais que uma "igualdade repressiva", um mero direito de acesso à "realidade dos homens", com tudo o que esta comporta e exige como negação da experiência feminina.

A realização dos objetivos do movimento de mulheres exige uma segunda etapa em que ele transcenderia o quadro no qual está funcionando no momento presente. Nessa etapa, para além da igualdade, a libertação implica a construção de uma sociedade regida por um princípio de realidade diferente, uma sociedade na qual a dicotomia atual masculino-feminino seria ultrapassada nas relações sociais e individuais. Assim, o movimento carrega consigo o projeto não só de instituições sociais novas, mas também de uma mudança de consciência, de uma transformação das necessidades instintuais dos homens e das mulheres, liberadas das limitações da dominação e da exploração.[22]

Um traço de radicalidade se insinua nesse texto, em que a igualdade entendida como submissão à hegemonia do masculino encontra uma primeira contestação. Marcuse capta aí os primeiros sinais emitidos pelas próprias mulheres que, em movimento, perdiam-se e encontravam-se em caminhos e descaminhos, no ir e vir entre os territórios do feminino e do masculino. O preço do desmascaramento de um pretenso equilíbrio que, fictício ou não, foi milenar, não tardaria a ser percebido. Pela voz e pela ação das mulheres, o insólito vai introduzir-se no debate social.

Ao questionar o corte hierárquico do mundo, ao afirmar que o pessoal é político e que a política se enraíza na vida cotidiana e nos sentimentos privados, ao opor ao modelo único a ser imitado uma pluralidade de projetos e identidades a serem inventadas, essas novas protagonistas sociais atacam princípios sagrados da ordem estabelecida. A expressão coletiva desse questionamento de normas, valores e modos de organização ficou conhecida como Movimento Feminista.

NOTAS

1. Sófocles. *Antigone.* In *Tragédies.* Paris: Le Livre de Poche, 1962, p. 87.
2. Idem, p. 104.
3. Idem, p. 112.
4. Idem, p. 122.
5. George Steiner. *Antigones.* Oxford: Clarendon Press, 1984.
6. Cf. Margaret Mead. *L'un et l'autre sexe.* Paris: Denoel, 1966, e *Sex Differences,* P. Lee e R. Stewart (ed.). Nova York: Urizen Books, 1976.
7. George Balandier. *Anthropologiques.* Paris: PUF, 1974, p. 14.
8. Edgar Morin. *Le paradigme perdu: la nature humaine.* Paris: Seuil, 1973, p. 79.
9. Serge Moscovici. *La société contre nature.* Paris: UGE, 1972, pp. 188/189.
10. Edgar Morin. op. cit., pp. 175/176.
11. Claude Lévi-Strauss. *Les structures elémentaires de la parenté.* Paris: Mouton, 1967, p. 135.
12. S. Moscovici. op. cit., p. 268.
13. Idem, pp. 304/305.
14. M. Mead. op. cit., p. 99.
15. Élisabeth Badinter. *L'Un est l'autre – des relations entre les sexes.* Paris: Editions Jacob, 1986, p. 182.
16. George Lapassade. *L 'Entrée dans la vie.* Paris: Minuit, 1963, p. 87.
17. Odette Thibault. "Le fait biologique". In *Le Fait féminin,* organização de Evelyne Sunerot. Paris: Fayard, 1968, p. 27.
18. Evelyne Sunerot. *Histoire et sociologie du travail feminine.* Paris: Gonthier, 1986, p. 33.
19. Virginia Woolf: *Une chambre à soi.* Paris: Denoel/Gonthier, 1951.

20. Cf. E. Erikson. *Childhood and Society.* Nova York: Norton, 1950 e "Psychosocial Identity" in SiUs, D.L. (ed.), *International Encyclopedia of Social Sciences.* Mac Millan Company and the Free Press, 1968.
21. M. Zavalloni. "L'identité psycho-sociale, un concept à la recherche d'une science", in *Introduction à la Psichologie Sociale,* sob a direção de S. Moscovici. Paris: Larousse, 1973, pp. 246-247.
22. Herbert Marcuse. *Actuels.* Paris: Seuil, 1975, p. 43.

II - A ARMADILHA DA IGUALDADE

"*Ah! irmãs, se nos rimos!*
E hoje (como tantas vezes)
vos confesso a minha perplexidade
perante o mundo, o meu medo,
a minha raiva, a minha voracidade de tudo.
O meu amor nunca cansado mas inútil.
Desacerto das coisas e nas pessoas...
E em boa verdade vos digo:
que continuamos sós mas menos
desamparadas."
– NOVAS CARTAS PORTUGUESAS

AS MULHERES EM MOVIMENTO: FEMINIZAR O MUNDO

As utopias seriam o que existe de mais confortável se não fossem um risco de vida. Dos "ismos" do nosso tempo, o feminismo é, talvez, o mais utópico, o mais perturbador, o mais alegre e o mais triste dos projetos de futuro. Resposta aos desencontros de uma época, a que dói mais fundo e de maneira mais secreta, a menos épica, mas, talvez, a mais sentida.

Dois corpos afogados. Rosa Luxemburgo levava nas costas uma bala do inimigo de classe; Virginia Woolf levava nos bolsos um monte de pedras, por ela mesma escolhidas. Uma afundou num canal de Berlim, a outra num riacho do jardim da própria casa. Uma fazendo História, a outra inventando vidas. Qual das duas morreu mais?

Rosa, que queria ser como um homem, deixou cartas de amor carente, dirigidas ao homem que ela não era. Virginia deixou ao marido e melhor amigo um bilhete curto pedindo perdão pela sua angústia que lhes estragara a vida, vida que ela desistira de viver. A androginia de *Orlando* sobreviveu graças à literatura. Virginia não.

Utopias desfalecidas de uma e de outra, reprisadas nas gerações de hoje. Nenhum destino é mais previsível do que o de uma utopia, certa e segura de envelhecer desfigurada. E, no entanto, pensando bem, o feminismo é jovem. Ou, se não é jovem, como sabem os pesquisadores da história das ideias e os amantes da literatura inglesa, foi tomado de euforia adolescente nos anos 1970.

Vinte anos depois pairam dúvidas sobre o movimento feminista que, ele mesmo, se confessa em plena perplexidade. Mas a perplexidade ante o descaminho de um movimento feito para encarar a sociedade se revela, antes de mais nada, no cara a cara das mulheres consigo mesmas. Hoje, no movimento feminista, se fala muito em cansaço. Há quem olhe o retrato da avó pendurado na parede com uma certa nostalgia do tempo em que tudo era claro: trajetórias de vida, sonhos e projetos. Do tempo em que o lugar social, psíquico, afetivo dos homens e das mulheres era nitidamente demarcado. E, no entanto, foram as próprias mulheres que repudiaram a herança cultural feminina, os papéis sociais estereotipados e saíram à rua gritando por igualdade. A esperança viva da igualdade como um objetivo alcançável e a certeza de que um leque cada vez maior de oportunidades se abria para as mulheres começam, agora, a duvidar, de si mesmas.

As duas últimas décadas do século XX foram os anos heroicos da geração-exemplo que não deixou escapar nada: teve acesso ao estudo, ao trabalho assalariado, à participação social e política. Geração que superpôs todas essas conquistas à espessa e ancestral camada de tarefas e responsabilidades do mundo feminino. Janus com uma face voltada para a casa e outra para a rua, as mulheres fazendo um esforço de androginia na tentativa de garantir a continuação da diferença homem/mulher que mantém viva a atração magnética. Esforço de sobrevivência no tempo de ruptura de um código cultural milenar. Essa ruptura teve um preço que as mulheres estão pagando sozinhas.

A convivência compartimentada do arco e do cesto, em que cada mundo guardava sua identidade própria, sua vivência e seu simbolismo, rompeu-se de maneira assimétrica. Industrialização e urbanização transformaram donas de casa não apenas em professoras e enfermeiras, mas também em metalúrgicas, advogadas e executivas. Cinderela de terno e gravata ou Gata Borralheira de macacão azul, em nome da modernidade e da igualdade.

Que essa promessa de igualdade tenha se transformado em apenas semelhança, ou melhor, caricatura, não é de admirar. Porque ela já nasceu torta, desfocada, e foi a partir de um mal-entendido que se construiu uma estratégia política de assimilação.

Na verdade, o papel de cada ator social é desempenhado em interação com um outro, baseados, ambos, numa relação de troca e reciprocidade. Essa interação é determinada pelas ideias, expectativas e julgamentos que cada um faz sobre as atitudes e os comportamentos dos outros. Contrariando as leis da psicologia social, segundo a qual nenhum papel pode ser representado em solo, que insiste na interação dos papéis sociais, um dependente do outro, que prevê que, se um papel muda, muda o outro que depende dele para se definir, contrariando tudo isso, o papel feminino mudou sem que o papel masculino fosse fundamentalmente tocado.

As mulheres passaram a fronteira do mundo dos homens escamoteando o lado feminino da vida. Enfrentaram a concorrência no espaço público carregando consigo, escondidas, as raízes no espaço privado. Concorrência desleal para elas, mas assumida pelas mulheres com coragem. Procuravam assim corresponder ao novo perfil de mulher que emergia da agonia de um paradigma. Obedeciam a uma mensagem dupla e contraditória: "para ser respeitada pense, aja e trabalhe como um homem; mas para ser amada continue sendo mulher. Seja homem e seja mulher."

A relação entre os sexos, que sempre se baseara na falácia da inferioridade das mulheres em relação aos homens, passou, então, a basear-se no equívoco da igualdade. Tão convencidos estavam todos, homens e mulheres, da superioridade dos homens sobre as mulheres, que a demanda de igualdade, formulada pelas mulheres, acabou por reduzir-se ao mero questionamento das barreiras que impediram sua entrada no espaço público.

Partindo de uma desvalorização fundamental do universo feminino, as próprias mulheres alimentaram o equívoco, aceitando como definição de um mundo igualitário aquele em que teriam "apenas" que continuar a ser as mesmas de sempre, acrescentando a suas vidas vivências até então próprias do masculino. Como a sociedade como um todo e as próprias mulheres não atribuem nenhuma importância social ao que fazem na vida privada, não lhes passou pela cabeça, durante os primeiros anos do feminismo, colocar esse seu lado da existência no outro prato da balança.

E foi assim que essa igualdade nasceu capenga e a relação entre os sexos resultou numa estranha conta de somar: feminino + masculino = masculino. A crise da identidade psicossocial das mulheres, fermento do feminismo, é o resultado desse feminino de soma zero. Essa crise é tanto mais perceptível quanto mais as mulheres se afirmam na vida intelectual e profissional.

As feministas dos anos 1970 eram intelectuais altamente qualificadas, integradas ao mundo dos homens, que se nutriram, na adolescência, das *Memórias de uma moça bem comportada* e, na idade adulta, de *O segundo sexo*. Eram herdeiras das lutas pela emancipação da mulher do começo do século XX, ecoavam os ideais de igualdade de Rosas e Virginias, mas o faziam no momento mesmo em que enfrentavam a perplexidade da experiência de falar de dentro do mundo dos homens.

No bojo da imensa produção de ideias que o feminismo gerou, dos planfletos mais banais à produção teórica significativa, encontram-se as pistas dessa autointerrogação que, ao longo dos anos 1980, iria transformar as demandas de igualdade em uma busca angustiada dos traços da diferença. São textos-documentos de um estar entre dois tempos, entre memória e projeto.

Nestes últimos tempos temos falado, cada vez mais, em nossas avós, como referência e como nostalgia. Somos uma geração que viu um pacto milenar romper-se, o pacto que separava o destino dos homens e o das mulheres. E, mais ainda, somos uma geração que coabita, no espaço de uma vida, com as próprias avós, representantes de um tempo que passou mas não de um tempo qualquer, de um tempo que, acreditávamos, seria eterno. Sentamo-nos junto a elas e ouvimos contar o que sempre foi a vida das mulheres; e percebemos que elas estavam mais próximas da Idade Média que de nós. Em tão poucos anos, atravessamos séculos. Uma pílula engolida e eis a História transformada. E no entanto essas avós nos educaram, elas estão em nós, como interrogação e, às vezes, saudades. Elas estão vivas e nos contam sobre um tempo em que, se alguém duvidava da felicidade do casamento ou da maternidade, esquecia-se rapidamente da dúvida como teria esquecido do desejo de voar, que sempre sentimos algum dia na vida. Contam-nos que algumas levaram longe demais os delírios secretos e essas, quase todas, acabaram no hospício. As outras, boêmias, felizes ou infelizes, talvez tenham mudado um pouco as suas vidas, mas não mudaram a vida das mulheres. A norma sempre foi essa avó, austera, sem risos, que eu vejo na foto, de pé atrás da cadeira do meu avô.

O que está acontecendo conosco, mulheres de 30 anos, que olhamos para essa foto e encontramos nela um gosto retrô e que nos perguntamos: "o que eu tenho com isso? Quanto de tudo isso sobrevive em mim, quanto já se foi para sempre?"

Vivemos um tempo de dúvidas. No subsolo das ações militantes as mulheres vivem na angústia e na incerteza. Angústia da segurança perdida, incerteza sobre um mundo novo a inventar, que começa em nós mesmas, sem modelo e sem referência, a menos que esta seja negativa. Sabendo agora o que não queremos mais ser, tropeçamos no futuro e tateamos uma parede inexistente em busca de um apoio para o que queremos nos tornar.[1]

Nos "grupos de consciência", que proliferaram nos anos 1970, geraram-se depoimentos como esse. Foi aí que melhor se exprimiu essa "política do privado", ou confidência politizada, através da qual as mulheres abriram um debate consigo mesmas que iria se revelar muito mais subversivo que o desafio ostensivo que colocavam à sociedade quando pediam igualdade.

Centrados nas mais diversas temáticas e ações, anunciados quase sempre de boca a boca, esses grupos se formavam, se desenvolviam e se desfaziam ao sabor do interesse das participantes. Não eram sustentados nem garantidos por nenhuma instituição. Sua criação, sua trajetória e seu eventual desaparecimento davam-se apenas em função da vontade, reafirmada em permanência, por cada participante, de mantê-los vivos. Essa fragilidade institucional ou, melhor dizendo, essa recusa proposital de qualquer institucionalização, era compensada por uma forte motivação, estreitamente ligada ao sentimento de estar entre pares.

Os grupos favoreceram a eclosão de uma palavra múltipla feita de memórias, de receios, de esperanças, de experiências até então vividas por cada uma como vida particular. A constelação dos pequenos grupos tornou-se a espinha dorsal e o vetor do movimento de mulheres e foi neles que se produziu o pensamento do feminismo dos anos 1970.

Como qualquer movimento de libertação, o movimento feminista revestiu-se da dupla característica de ser, ao mesmo tempo, um fato cultural e um fator de cultura. Fato cultural na medida em que se originou no mal-estar e na crise vividos por essa camada minoritária de mulheres privilegiadas que, tendo ingressado no mundo dos homens, compreenderam que nele não se sentiam à vontade, que o mal-estar da dona de casa era substituído por outro mal-estar, também sem nome: por um sentimento de inadaptação.

Essa *intelligentsia* feminina recusou a integração e foi levada a voltar o olhar para as mulheres em seu conjunto, para a existência feminina em sua totalidade.

É do encontro dessas mulheres com as outras, as representantes dos valores femininos tradicionais, que vai emergir um desvio coletivo, portador de um contradiscurso sobre a condição feminina. O movimento de mulheres será, também, fator de cultura, na medida em que é dessa interação conflituosa entre uma identidade irreparavelmente perdida e uma identidade recusada que vai nascer a reivindicação de uma identidade original, a ser construída.

Uma geração exilada do feminino tradicional e ainda estrangeira no mundo dos homens vai dar-se como projeto "feminizar o mundo", pretensão muito maior que as banais demandas de igualdade que, nos primórdios de sua agitação, lhe foram atribuídas. Um texto militante, intitulado justamente "Feminizar o mundo", sintetiza essa ambição.

> *Onde estavam as mulheres nessa civilização construída pelos homens: postas à margem, animais domésticos chamados a fazer e a refazer sempre um mesmo ciclo de trabalho, Sísifo — dona de casa, condenada à imanência do cotidiano, destinada a centrar o mundo em si mesma, nos limites de seu corpo. Seu corpo, sua única aventura, seu centro vital. Guardadas no anonimato, protegidas do tumulto do mundo, as mulheres reproduziram seu destino durante séculos, destino idêntico em mundos diversos. "Infantis", "irresponsáveis", foram guardadas como crianças, selvagens como as crianças. "Irracionais", irrompem hoje na História trazendo em seu movimento uma herança ancestral: a valorização do sensual, a intimidade com o mistério, a intuição como conhecimento, o percebido tão forte quanto o provado, o sensível contra o racional, a estética como ética do futuro.*[2]

Feminizar o mundo implica redefinir um mal-entendido de base. O feminismo dos anos 1960 reivindicava a igualdade entendida como o direito das mulheres de participar da vida pública em igualdade de condições com os homens. Cabia às mulheres, a certas mulheres, as "mais aptas", as "mais competentes", abrir caminho nesses espaços. Para tanto, essas mulheres tentaram convencer os homens de que a condição de mulher não era uma desvantagem insuperável: apesar de mulheres, elas poderiam corresponder às expectativas do mundo do trabalho e da vida pública.

Pouco a pouco as mulheres foram se dando conta de que a reivindicação unilateral e exclusiva de acesso aos papéis masculinos só se explicava pela interiorização de um sentimento profundo de inferioridade. Só a percepção de que o universo feminino é sem valor e, quase se poderia dizer, socialmente não existente, só a percepção de si como fazendo parte do polo subalterno de uma relação hierárquica em que o masculino é o paradigma a ser atingido e o feminino o componente inacabado, pode explicar a armadilha na qual esse mal-entendido de base aprisionou as mulheres.

As mulheres quiseram fazer suas provas no universo do masculino, tomado como padrão do melhor do humano, sem pedir reciprocidade. Ao fazê-lo, subscreveram a noção veiculada pela cultura hegemônica masculina de que seu universo e sua experiência de vida são restritos e incompletos, razão pela qual não faria sentido algum pedir aos homens que os compartilhassem.

As consequências dessa autodesvalorização foram sentidas na própria pele pelas mulheres que melhor se "integraram" ao mundo dos homens. Intelectuais que fizeram carreira e que passaram a vivenciar como problemática a coexistência conflitual, em cada mulher, da lógica da vida pública e da vida privada, foram as primeiras vítimas do ardil da igualdade.

O assunto já havia sido tocado em filigrana, quando das análises feitas pelas próprias feministas a propósito da dupla jornada de trabalho imposta às mulheres. Mas, até então, a questão era formulada em termos de organização do tempo e dificuldade de conciliar a presença física no lar e no trabalho. "Feminizar o mundo" aborda o tema em sua dimensão psíquica. Uma troca de cartas entre duas amigas ilustra a identidade dividida, o mal-estar decorrente dessa divisão, assim como o esforço do entendimento de suas causas.

Amiga,
Será que um dia chegaremos a ser realmente livres? De onde vêm essas amarras tão pesadas, tão difíceis de serem quebradas? Eu gostaria de ter escrito esta carta a minha mãe. Claro que não poderia ser a mesma carta, o que é uma pena. Deveríamos poder escrever cartas às nossas mães. Faltam ainda tantas etapas a serem vencidas para se chegar até lá... E, no entanto, já estamos a caminho. Nós, mulheres, já estamos a caminho, apesar da impressão tão frequente de levar o mundo conosco. Ah! se o mundo quisesse nos seguir!
Algumas vezes perco a coragem, duvido de minhas forças. São tantas as demandas. E, sobretudo, são muitas as exigências que fazemos a nós mesmas, exigências tantas vezes contraditórias, irreconciliáveis e esmagadoras, pois se colocam todas ao mesmo tempo.
Como conciliar, em uma mesma pessoa, a necessidade de amor, de afeto, de calor e de proteção e a necessidade de autonomia e independência, sem a qual não nos tornaremos realmente livres? Como conciliar as exigências concretas de nossos filhos, que vivem fechados nas estruturas de nossas famílias dependendo absolutamente de nós, e as nossas próprias necessidades?
Reclamamos da falta de tempo para nós mesmas. Do tempo necessário para nos encontrarmos, nos formarmos, nos educarmos, para inventarmos nosso mundo de mulheres. E não nos esqueçamos do tempo considerável e do esforço psicológico necessário para a tarefa mais difícil, a de orientar o mundo que nos rodeia. O mais grave, o mais pesado, é justamente ter que controlar, ao mesmo tempo que a encorajamos, a desordem que criamos à nossa volta. Desde sempre nós mulheres fomos o elemento estável, seguro, conciliador. De repente nos transformamos naquelas que desorganizam tudo. Desorganizamos essa ordem que se pretendia perfeita e eficaz, essa ordem familiar, tão tranquila e sonolenta. E é aí que minha mãe me pega. Que eu queira adquirir uma formação mais sólida do que a que tive quando jovem é justo, os tempos mudaram. Que eu queira trabalhar, afirmar minha própria personalidade, tudo bem. É tempo das mulheres adquirirem

um pouco mais de independência econômica. Mas o fato de que eu questione meu casamento – por mais infeliz que tenha sido o seu –, o fato de que eu reivindique o meu pleno desabrochar sexual, e que, portanto, possa, em última análise, explodir minha família, leva a exclamações do gênero: "Mas pense também nessas pobres crianças!"

Sim, mamãe, eu penso muito, muito em meus filhos. Talvez até demais. Eu não consigo me livrar deles, como você não conseguiu se livrar de mim.

O que é ser mãe? O que quer dizer, para mim, ser mãe? Você acredita que, até recentemente, eu nunca tinha perguntado isso? Eu que já sou mãe há tanto tempo... Jamais formulei essa pergunta antes de engravidar. Eu considerava o fato "normal". E, no entanto, eu não era uma pessoa especialmente atraída pelas crianças, como algumas de minhas amigas. Olhando para trás, acho que ter tido filhos, naquele momento, justificava minha existência. Eu não fui educada para "realizar" qualquer coisa na vida e sim para "ser". Ser mulher. E, para mim, naquele momento, ser mulher significava ser mãe. É impressionante a despreocupação e a ignorância com que embarcamos nessa aventura. Mais cedo ou mais tarde chega, para cada uma de nós, o momento da verdade. Para algumas, é quando aparece a necessidade e o desejo de fazer algo diferente do trabalho doméstico, quando se percebem prisioneiras dos horários escolares dos filhos. Para outras, é no momento da solidão, quando os filhos já se foram, quando só o que resta são os móveis a serem espanados, o chão a ser encerado. Então, dão-se conta de que nunca tiveram tempo de construir uma vida para si mesmas.

Falo por mim mesma. Os horários escolares, as refeições, as compras, a roupa por lavar e que tem sempre rasgões e furos a serem costurados são problemas práticos, para os quais deveríamos encontrar soluções eficazes, me diz meu marido.

Mas, por que diabos, sempre que uma reunião se prolonga além da hora prevista, ou quando, no fim do trabalho, fico conversando com você, que me fascina, sinto-me, de repente, tomada por uma profunda preocupação? Como se uma espécie de relógio interior disparasse, me lembrando que está na hora. Às vezes é hora dela. Hoje vamos jantar mais cedo porque ela tem aula de música; ou é hora de ir ao dentista com ela; é malha de dança que tenho que comprar antes de sexta-feira, "você prometeu, mamãe". Às vezes é ele que me espera às cinco horas, eu prometi ajudá-lo nos seus deveres, ele já foi repreendido pela professora quatro vezes em dez dias, e além disso eu já deveria ter ido ao colégio falar com a coordenação. São problemas pequenos, eu sei. Bastaria organizar-me melhor.

Discutindo sobre essa almejada organização, dou-me conta de que os homens conseguem reduzir quase todos os problemas, grandes ou pequenos, a entidades calculáveis, previsíveis.

Para mim, comprar uma malha hoje ou amanhã não se reduz a ir à cidade fazer uma compra que, de fato, poderia ser feita a qualquer momento, em qualquer condição. É mais que isso. Ela e eu já conversamos bastante para saber se era realmente necessário comprar outra malha, porque a antiga ainda estava em boas condições.

Um pouco pequena, é verdade... Chegamos juntas à conclusão de que, para o balé, é muito importante que o corpo se sinta livre e bonito, também... A malha antiga já estava um pouco desbotada. Então, saímos juntas para fazer uma compra, banal é verdade, mas que nos fez compartilhar todo um mundo de intimidades, um conhecimento mútuo, uma cumplicidade; e investimos o tempo necessário para que isso pudesse ser alcançado.

Assim, o conjunto dos pequenos problemas da vida cotidiana torna-se, para nós mulheres, a soma afetiva de nosso dia. E nós queremos viver plenamente essa vida afetiva, com nossos filhos, nossos homens, com as pessoas que nos circundam. Como reconciliar isso com uma luta profissional, em que devemos provar duplamente nossa capacidade – já que somos mulheres –, uma luta para a qual somos tão mal preparadas? Como viver isso com homens que têm uma cabeça tão diferente da nossa, que são pouco sensíveis e, às vezes, inseguros em relação a nossas reivindicações de novas formas de relacionamento, a nossos apelos a seus sentimentos, à sua ternura, à sua doçura, mas com quem queremos fazer amor de uma maneira que nos faça plenamente felizes?

Não queremos mais ser mães-empregadas que asseguram o cuidado material a seus filhos, esposas-empregadas que cuidam da casa, trabalhadoras-empregadas que executam as tarefas subalternas. Gostaríamos que as coisas fossem feitas de forma diferente, no nosso ritmo.

> *Encurraladas cotidianamente entre nossas exigências e as de um mundo de homens, organizado de forma eficaz e racional, nós nos revoltamos, nos tornamos incômodas, brigamos. Saímos dos trilhos e o mundo descarrila à nossa volta, não funciona mais como deveria.*
>
> *Já contei como tudo isso me pesa, sobretudo esse sentimento de culpa que me espreita de vez em quando... há momentos em que penso que nossas mães tinham razão, que seria muito mais fácil se entrássemos nos trilhos.*
>
> *Felizmente, hoje isso não é mais possível porque você está aí para me impedir quando eu quero desistir...*[3]

A resposta, em tom melancólico, confirma, do ponto de vista da mulher sem filhos, que escolheu não tê-los em nome de uma maior liberdade, a teia de insatisfações e culpas em que se enredam todas as mulheres.

> *Amiga,*
> *Esta manhã eu mal acordara quando dei com sua carta embaixo da porta. Acordei tarde porque não dormi bem à noite. Na verdade, fiquei pensando em um monte de coisas: minha vida, meu trabalho e esse vaivém cotidiano que nos esgota. Decidi, portanto, me dar de presente uma manhã agradável e fiquei lendo sua carta e pensando em você.*
>
> *Você me pergunta se seremos livres um dia. E me fala do seu cotidiano de mulher e mãe. Fiquei apenas envergonhada, me sentindo privilegiada; eu que me levanto tarde, que não tenho filhos para levar ao colégio, não tenho que aturar crianças que voltam do colégio esfomeadas. O pouco contato que tenho com o lado "prático" da maternidade me vem através de você, de suas despedidas bruscas no meio de nossas conversas. O outro lado, o da cumplicidade, do prazer que obtemos na relação com uma criança, esse eu não conheço, optei por não conhecê-lo quando decidi não ter filhos.*
>
> *Você diz algo que é muito importante. Você teve seus filhos sem pensar, porque era normal, porque era o seu destino de mulher, a sua maneira de SER; no fundo você se dá conta hoje de que não fez, na verdade, uma opção, mas se deixou levar pelo único modelo disponível, o da mulher-esposa e mãe.*

Muitas vezes você me contou como se sentia bem durante a gravidez, me falou da alegria que sentiu no momento do parto. Falou menos sobre suas angústias e dificuldades no convívio com as crianças. E é somente hoje que você se indaga sobre o que é ser mãe. Me sinto um pouco deslocada para falar disso e, no entanto, gostaria de poder retroceder ao princípio, ao ponto onde a opção se colocou para todas nós, ou seja, quando começamos a ter relações sexuais e tomamos nossas primeiras pílulas. Gostaria de lhe falar sobre esse tempo e sobre mim, que vivi de modo tão diferente essa armadilha que chamam opção. Você seguiu sua "natureza"; eu me revoltei. Sabia perfeitamente — pois vivia rodeada de mulheres — que, desde o nascimento dos filhos, é normal acontecer o que se passou com você: a casa, cuidar das crianças, as preocupações, a impossibilidade de trabalhar. Eu achava estranhamente envelhecidas as minhas amigas que acabavam de ter um filho. Lá estavam elas, isoladas, imersas em um ritmo de vida que não era seu mas das crianças e, confesso, não tinha muito assunto para conversar com elas. Eu era estudante, apaixonada por política, e não tinha muito a dizer mesmo àquelas que me eram mais próximas. Eu tinha a sensação de que alguma coisa se havia rompido e que elas viviam em um mundo misterioso, onde deveria haver alegrias que eu não conseguia perceber e das quais uma mulher sem filhos estava, de certo modo, excluída. Nem por isso eu me arrependia. Seja como for, as crianças me chateavam. Sem jornais, sem cinema, desligadas do mundo, minhas amigas não viviam como eu. Inversamente, os homens estavam sempre a par de tudo. Eles me transmitiam a sensação — aliás verdadeira — de viver no mundo, de agir, de pertencer à realidade, de estar presentes. Davam a sensação de possuírem um poder e isso me atraía. Podíamos conversar. Alguns queriam mudar o mundo como eu (coitada de mim!). Só que eles tinham o poder de fazê-lo.

Rapidamente dei-me conta de que também estava excluída desse mundo porque era, antes de tudo, uma mulher, com todas as limitações que isso implica. No melhor dos casos eu era alguém que tinha fugido à regra, a indispensável exceção que a confirma. Tudo isso vinha envolvido em um clima sensual indefinido em que havia alguma coisa fora de lugar — uma mulher; um objeto de desejo sexual; mas que trazia em si algo de desviante, um desejo de ser reconhecida *como igual. Pretensão estranha quando, de qualquer forma, queremos também ser amadas enquanto fêmeas. É engraçado, sabe, às vezes eu tinha a impressão que isso que eu trazia em mim de diferente funcionava como uma espécie de afrodisíaco, como se os homens dissessem: vamos ver se na cama essa segurança toda não vai por água abaixo.*

Apesar disso, durante muito tempo tive uma humilde admiração pelos homens, quase um respeito que, naturalmente, acarretava seu reverso, um certo desprezo em relação às mulheres. Na minha visão maniqueísta eles representavam tudo o que vive, e viver significava realizar um destino que, para mim, era necessariamente de ordem política ou intelectual. Para participar dessa aventura era necessário ser aceita pelos homens. E eu me dediquei a sê-lo.

Objetivamente, era isso mesmo que eu tinha que fazer, pois queria manter meu lugar no jornal; eu tinha que ser eficiente e competente. Eu disputava esse lugar com homens que tinham feito melhores estudos que os meus, que tinham sido preparados para desempenhar o papel, enquanto eu era uma usurpadora e dificilmente teria direito a tal se não demonstrasse à exaustão minha capacidade. Gostava do meu trabalho e por isso dei provas dessa capacidade. Fui aprovada num concurso e me convocaram para uma entrevista. Me apresentei. Você é casada? Sim. Há quanto tempo? Três meses. Dentro de dois meses você estará grávida e dentro de um ano você não poderá mais trabalhar. "Eu não sei se vale a pena investir em você, formá-la para que você nos deixe." "Mas não, podem estar certos de que não terei filhos. Eu não quero ter. Está decidido."

De qualquer modo, está decidido... De qualquer forma está decidido que sempre que uma mulher queira fazer uma carreira, se ela quiser ter filhos, ela é um problema no qual não vale a pena investir.

Eu não quero dizer que esse incidente banal (quantas de nós já passamos por isso sem perder a coragem) tenha sido decisivo. Mas ele ilustra um pouco o tipo de acidentes frente aos quais tomamos nossas "decisões". Mas, se isso não foi decisivo, o que me fez "escolher" não ser mãe? Todas as minhas decisões foram muito intuitivas; você sabe tanto quanto eu: não se espera de nós que nos coloquemos questões profundas. Por que você e eu não? Você seguiu seu destino e eu enganei o meu, porque eu queria fazer outra coisa de minha vida. Sim, minha cara, a culpa é sua se agora eu me pergunto o que fiz de minha vida. Eu lhe asseguro que sabia bem o que queria. Ser independente, um ser em si mesmo. Eu queria tudo o que estava reservado aos homens. Eu queria fazer de minha vida uma obra, construí-la a meu gosto, tomar em minhas mãos meu próprio destino sem as amarras com que você foi brindada.

Me tornei uma mulher livre que ganha sua vida suficientemente bem para se permitir acordar tarde quando dorme mal à noite. O que me impede então de dormir bem à noite? Eu lhe disse que fiquei pensando em minha vida e em todas essas mil coisas do cotidiano... O que me aconteceu? Por que, esta manhã, sua pergunta – se nós seremos livres algum dia – ressoou tão forte?

Passei a vida inteira livrando-me das coerções que pesam sobre as mulheres. Elas têm responsabilidades domésticas enquanto eu estou pouco ligando para isso. Elas não têm uma formação que lhes permita trabalhar enquanto eu tenho todos os títulos e ganho a vida muito bem. Então, de que me queixo? Por que então, assim como você, não vivo o que quero? Você me falou de você, agora falo de mim. Para tomar a palavra em uma reunião de homens é necessário usar o mesmo tom, a mesma linguagem. Eu aprendi a falar fluentemente essa língua que nos é estranha – a nós, mulheres. Mas já há algum tempo sinto um vago sotaque dissonante, uma lembrança de adolescência, quando eu ainda sabia rir, dizer absurdos, fazer loucuras.

Frequentemente ouvi dizer que as mulheres têm dificuldade para se exprimir. Acho que a dificuldade vem de que elas não conhecem o código que o mundo dos homens impõe. Você fica vermelha quando fala em público. Eu não; não mais... já faz tanto tempo que vivo e circulo por aí. Ultimamente, pelo contrário, às vezes empalideço; experimento uma espécie de vertigem, a impressão de que vou gritar: Chega! Ah! Essa eficiência cotidiana a nós imposta por uma comédia social em que os dramas da noite anterior são escondidos sob o perfil da mulher jovem e dinâmica! Tudo parece tão simples no trabalho: é preciso ser brilhante, é necessário ter bom desempenho. Já me aconteceu ter vontade, numa reunião, de interromper meu próprio blá-blá-blá para dizer: vocês sabem que ontem tive medo de morrer? Mas digo qualquer outra coisa, permaneço brilhante e eficiente. Nesse jogo de prestígio, jogo meu futuro. E nele não há lugar para angústias de morte.

Tampouco para as angústias da vida, para esse desejo de viver todas as nossas potencialidades, de sermos inteiras. Assim como você, também vivo essa angústia de viver a totalidade de minha pessoa. Já não posso mais desempenhar papéis, por mais nobres que sejam. Eu que sempre quis agir, agora tenho cada vez mais vontade de ser. Meu lado público... veja a que me reduzi. Veja a que nos reduzimos, todas nós: um lado público, um lado privado. A cada um desses lados correspondem algumas exigências, necessidades. Você me pergunta como conciliar essas diferentes exigências que nos impomos? Não sei. Mas estou certa de que nessa pergunta se esconde uma das grandes questões do nosso tempo.

Estranha sociedade a nossa, na qual você e eu, tão diferentes, nos sentimos igualmente presas. Nem você nem eu pudemos ser inteiras. Alguma coisa nos foi roubada e foi enquanto mulheres que compreendemos isso. Pois é, amiga, como inventar um mundo em que nos sintamos bem? Compreendo que você perca o fôlego. Eu também perco. Você sabe disso melhor que ninguém. Já se foi o tempo em que eu tinha respostas para tudo, em que sabia resolver todos os problemas. (Você se lembra como eu era no início? Acho que muitas vezes a fascinei: você também me fascinava, simplesmente porque você não era como eu.)

Tudo se tornou difícil e confuso e no entanto continuo a não desejar ter filhos e continuo a negar que ser mãe seja a única maneira de ser mulher.

Aí vai este tema de reflexão para suas permanentes insônias, para nossa perpétua vigília. Que diabo quer dizer ser mulher? Você me dirá talvez amanhã, quando formos tomar um sorvete na beira do lago.[4]

Esses dois testemunhos revelam um sentimento de insatisfação, uma ausência que cada mulher traz em si, a percepção de que em nenhum momento e em nenhum lugar se está inteira. Foi essa impressão de viver no meio do caminho, num equilíbrio instável e precário entre dois mundos, que levou as mulheres a reexaminar a situação paradoxal que elas mesmas ajudaram a criar quando reivindicaram o acesso aos papéis masculinos sem exigir como contrapartida uma mudança equivalente e concomitante que seria o acesso dos homens aos papéis femininos, que instaurasse de fato a polivalência para os dois sexos.

Toda mulher que assumiu responsabilidades na esfera pública e se familiarizou com os comportamentos ditos masculinos foi forçada a trabalhar em si mesma essa coexistência de contrários. *Feminizar o mundo*, enquanto memória de um grupo de reflexão, retrata a experiência de mulheres que haviam tentado viver a vida profissional sem que ela perturbasse a vida familiar. Perplexas em face dos conflitos vividos, elas descobrem a cultura feminina, espécie de herança histórica feita de corpo e prática social, e tentam proceder a uma arqueologia dessa cultura de que qualquer mulher participa em maior ou menor grau.

Qualquer trabalho é uma via de mão dupla: o trabalhador transforma o objeto, o trabalho transforma a mentalidade do trabalhador, muitas vezes sem que ele se dê conta disso.

Ser mãe, durante os longos e duros anos que separam o nascimento de uma criança do momento em que a sociedade começa a se interessar por ela, é ser extremamente ativa. É estranho o completo silêncio que se tece em torno desses anos decisivos. Natacha passeia pelas últimas páginas de *Guerra e paz* trazendo na mão uma fralda suja de cocô e isso representa, numa certa medida, o limite dentro do qual esse aspecto da vida é reconhecido na literatura mundial. E no entanto todos – escritores, cineastas, filósofos, psicólogos – foram crianças e devem suas personalidades adultas ao trabalho desempenhado, durante anos, por sua mãe ou por outra mulher. É tão completo o silêncio que mesmo as mulheres, acordes com o espírito de sacrifício que lhes é inculcado, concordaram em ignorar esse trabalho essencial por elas desenvolvido ou, pelo menos, em esquecê-lo logo que terminado. Pergunte a qualquer mulher sobre o que ela fez enquanto seus filhos eram pequenos. "Ah! Nada de importante. Vegetei." Experimente viver de cinco a vinte anos (dependendo do número de filhos e do intervalo entre suas idades) sendo totalmente responsável pela vida de um outro ser: sua saúde, sua segurança, sua inteligência, sua vida emocional e criativa e até mesmo seu sono. Imagino que alguns artistas e alguns cientistas que trabalharam em projetos de longa duração possam ter um vaga ideia do que isso representa; mesmo assim os romances, as sinfonias, os aceleradores de partículas não pegam sarampo, não levam tombos de bicicleta, não acordam aos gritos no meio de um pesadelo. Tente viver com uma responsabilidade como essa durante anos: será que você não se modificaria? E, se é todo um sexo que vive esse tipo de experiência, como é possível que sua mentalidade seja a mesma do outro sexo que, uma vez o trabalho terminado, por mais duro que seja, tem direito a dormir sem interrupções o sono dos justos? Está implícito que nem todas as mulheres são mães, que nem todas cuidam de crianças. Da mesma forma que nem todos os membros da classe operária trabalham em fábricas. Entretanto, nos dois casos, a experiência coletiva é tão forte que nenhum membro dessa coletividade escapa aos efeitos formadores.[5]

Afirmar a diferença entre homens e mulheres não é novo. O sexismo se apoiou nessa diferença para classificar as mulheres não só como diferentes dos homens mas sobretudo como inferiores. Que um texto produzido no calor do movimento feminista afirme, de maneira orgulhosa, essa diferença – eis um fato novo que indica uma mudança de perspectiva que iria amadurecer lentamente, substituindo os velhos esforços para afirmar a igualdade. Na verdade aqui se prenuncia uma nova concepção da igualdade, não mais apoiada na similitude mas na diferença sem hierarquia.

Nesse sentido pode-se dizer que na trajetória do movimento feminista gerou-se, em duas etapas, uma contestação radical do senso comum. Em um primeiro momento, que começa no fim do século XIX, a contestação visava provar que as mulheres não são inferiores aos homens e que podem fazer as mesmas coisas que eles.

Numa segunda etapa, que se desenha nos anos 1970 e vem amadurecendo até se tornar – agora – nítida, a contestação feminina anuncia que as mulheres não são inferiores aos homens mas também não são iguais a eles e que essa diferença, longe de representar uma desvantagem, contém um potencial enriquecedor de crítica da cultura.

Ao adotar essa postura afirmativa de novos valores, o movimento feminista passa a desempenhar o papel do que Serge Moscovici chamaria minoria ativa. As minorias ativas são grupos desviantes, desafiadores do senso comum, capazes de provocar, pela firmeza e viabilidade de suas posições, transformações das normas e relações sociais. Em sua obra *Psicologia das minorias ativas*, ele estuda os fenômenos de desvio coletivo encarnado por "grupos que eram definidos e se definiam de maneira negativa e patológica em relação ao código social dominante e que passam a se afirmar como grupos detentores de um código próprio e, mais ainda, capaz de propô-lo a outros como modelo ou alternativa".[6]

O movimento feminista foi o fio que permitiu às mulheres tecerem um novo desenho na trama do social. O desvio não é uma disfunção parcial e passageira que deve ser corrigida, mas um processo fundamental da existência das sociedades. É o acontecimento inesperado sobre o qual repousam o crescimento e a complexificação do sistema social.

Na verdade, só através dessa recusa assumida pelos desviantes, de agir conforme o código dominante, é que pode ocorrer a transformação das normas e dos comportamentos vigentes.

A primeira conquista do movimento de mulheres enquanto minoria ativa consistiu, precisamente, na quebra do consenso ideológico que envolvia a definição de masculino e feminino. O discurso masculino sempre definira o que é uma mulher normal, seu lugar, seu papel, sua imagem e sua identidade. As dissidentes desse modelo eram rejeitadas para fora do campo de visibilidade social.

A maioria representa ao mesmo tempo a norma e a realidade, enquanto a minoria representa a exceção, o anormal e uma certa irrealidade.[7]

Uma ideologia permanece hegemônica enquanto não tem necessidade de ser defendida ou explicada. A eficácia de sua mensagem depende de sua capacidade de produzir um imaginário coletivo, interiorizado por todos e que se identifique com a totalidade do real. Nada escapa a ela, todos têm de agir de acordo com ela. A ideologia pode então permanecer invisível, na medida mesmo em que se reveste de todas as características de uma verdade objetiva, de uma necessidade absoluta, ditada pela ordem natural das coisas.

Em compensação, desde o momento em que uma ideologia precisa apelar para argumentos para se defender, desde que deixa de ser percebida como o senso comum, sua verdade e sua força estão comprometidas. Ela não é mais o discurso hegemônico, apenas um discurso entre outros.

Ao questionar as normas e os papéis preestabelecidos, ao penetrar em espaços proibidos, ao produzir um contradiscurso, colocando face a face duas culturas e duas visões de mundo, as mulheres em movimento introduziram a incerteza, a pluralidade e a escolha onde anteriormente só havia certeza, unanimidade e conformidade.

A minoria assume a psicologia de uma pessoa ou de um grupo que é diferente e que deseja ser diferente, capaz de aceitar a desaprovação, insensível à hostilidade física e psicológica, tanto quanto à tensão contínua. *Em vez de insistir na uniformidade, que é o tema da maioria, a minoria desviante insiste na individualidade, enfatizando o que divide mais do que o que une. Ela transforma a negação da norma ou da concepção tradicional da realidade em uma nova norma ou uma nova concepção da realidade.*

...Os indivíduos e os grupos agem segundo a hipótese de que uma pessoa que não é como eles não é uma pessoa. Só progressivamente nos damos conta de que o não eu é um outro eu. A intensificação das divergências é condição indispensável para passar de uma ordem social e de um ponto de vista para outro, de uma verdade para outra.[8]

No fim dos anos 1980 as mulheres começam a defender a igualdade, não mais em nome de sua capacidade de se assemelhar aos homens, mas sobretudo em nome de seu direito de diferirem deles.

O feminismo da diferença, desdobramento do feminismo da igualdade, introduz um questionamento mais radical, traz a promessa de uma contribuição sociocultural "inédita e subversiva".[9]

A partilha dos mundos entre um espaço masculino e um espaço feminino está se apagando. A dicotomia sexual, compreendida como desigualdade, não aparece mais como fazendo parte da ordem natural das coisas. A entrada das mulheres no mundo dos homens dilacera o feminino. Posto em desacordo consigo mesmo, privado de sua coerência e consistência interna, o feminino, em sua necessidade de redefinição, atravessa o conflito com o masculino.

Se as mulheres que estão ocupando os lugares mais diversos no mundo dos homens recusarem o mimetismo e afirmarem o que lhes pertence como maneira de estar no mundo e de perceber as coisas, essa experiência as irá transformando e àqueles que com elas convivem e trabalham. Redefinir o feminino é não ter mais um passado nostálgico, já repudiado, ao qual se referir, nem tampouco um modelo masculino ao qual aderir. Reconstruir o feminino é o destino do movimento das mulheres.

A presença dos homens no mundo das mulheres trará uma possibilidade simétrica de reconstrução do masculino. Talvez então se poderá falar de igualdade, porque a verdadeira igualdade é a aceitação da diferença sem hierarquias. E a certeza da diferença permanecerá no corpo, e nele o encontro mais fecundo.

Hoje o movimento feminista relembra a cada dia o desencontro homem/mulher e o desencontro das mulheres consigo mesmas. E por isso mesmo, porque toca no que de mais ancestral, mais íntimo e mais desejado reúne as pessoas, só pode ser desvairadamente utópico.

E se Rosa de Luxemburgo tivesse gritado sua carência de amor fora de cartas secretas? E se Virginia Woolf tivesse adivinhado quantas mulheres como ela iriam se debater com a angústia da inadequação a um feminino medíocre e tradicional? Essa carência e essa angústia são as pedras no bolso do feminismo. Retirá-las é preciso. Rapidamente, para que não nos façam afundar. Cuidadosamente, para não ferir ninguém. Mostrá-las sem pudor àqueles que vivem conosco, transformá-las em projeto político, quebrar silêncios.

A mais desvairada das utopias é esperar inaugurar, enfim, na História, um diálogo amigo entre homem e mulher.

Possível ou desejável, essa utopia resta invivida. Quiçá improvável. Qualquer que seja o destino da relação entre os sexos, o movimento feminista guardará o mérito histórico de ter denunciado "a insaciável intolerância à alteridade, paixão que nutre nosso pensamento" e que "nos levou a ver o nada em tudo que não nos reflete, e descrever o diferente como ausência".

O movimento feminista terá assim tornado presente e visível o Feminino como corpo, como história, como cultura, como crise e como projeto.

A COEXISTÊNCIA DE CONTRÁRIOS: LÓGICA DO PRIVADO/LÓGICA DO PÚBLICO

O caminho que leva as mulheres da demanda de igualdade à afirmação da diferença atravessa a *no man's land* da ambiguidade, situada a meio caminho dos territórios do masculino e do feminino.

As mulheres têm vivido mergulhadas em plena ambiguidade, fazendo coexistirem em si mesmas as contradições impostas de fora. Respondem às escolhas impossíveis pela não escolha e esgotam, no exercício da ambiguidade, a energia pessoal. Daí, para muitas, o cansaço, a perplexidade, a angústia e a frustração.

Na linguagem corrente, chamamos ambíguo aquilo que pode ser entendido de várias maneiras, a que se podem atribuir vários sentidos ao mesmo tempo. A clínica psicanalítica define como ambígua a pessoa cujo comportamento se presta a diferentes interpretações e provoca, por conseguinte, dúvida, incerteza e confusão.

No entanto a ambiguidade só é perceptível àquele que a observa de fora, posto que, para a pessoa ambígua, não há incerteza ou confusão, apenas indiferenciação, uma falha na capacidade de discriminação e identidade.

Apesar da assimilação corrente entre os dois termos, a ambiguidade difere profundamente da ambivalência. Este último termo, tomado emprestado por Freud a Bleuler, que o forjara, desenvolvido em seguida por Karl Abraham e Melanie Klein, serve para qualificar a presença simultânea, num mesmo sujeito, de sentimentos ou comportamentos antinômicos e contraditórios. Na ambivância a afirmação e a negação, o sim e o não, o amor e o ódio coexistem conflituosamente.

O componente positivo e o componente negativo da atitude afetiva estão simultaneamente presentes, indissociáveis, e constituem uma oposição não dialética, intransponível para a pessoa que diz ao mesmo tempo sim e não.[10]

Ambivalente é a pessoa que vive ou exprime a contradição e o conflito; ambígua é aquela que não consegue se dar conta do que lhe ocorre, que não consegue identificar ou discriminar contradições que se traduzem em atitudes ou comportamentos que não se excluem uns aos outros mas que, pelo contrário, aparecem juntos ou alternadamente, coexistindo no mundo interior e no psiquismo do indivíduo sem que este sinta contradição ou conflito. A ambiguidade é "um tipo particular de identidade ou de organização do eu que se caracteriza pela coexistência de múltiplos núcleos não integrados que podem, por conseguinte, coexistir e alterar-se sem implicarem confusão ou contradição para o sujeito".[11]

Essa definição de ambiguidade nos permite compreender melhor o que sentem as mulheres que atravessam a fronteira do mundo dos homens. "A personalidade ambígua apresenta a característica de não assumir a situação, de esquivar-se a ela, de não se comprometer, ou, ainda, de não assumir a responsabilidade nem pela situação em si nem pelo seu sentido nem por suas motivações e consequências. A personalidade ambígua não é, portanto, fruto de uma negação, mas de uma falta de discriminação, onde nada é totalmente afirmado nem totalmente negado."[12] Ela se sente capaz de pular indefinidamente de um papel para outro e, quando confrontada com uma escolha precisa, prefere recuar e tergiversar a enfrentar os dados da realidade concreta, que comprometeriam a ilusão de onipotência.

Contrariamente, entretanto, às situações consideradas pela clínica psicanalítica, a ambiguidade nas mulheres não é um problema pessoal e individual mas antes a resposta inevitável – e, até, sadia e normal – às mensagens diferentes e contraditórias que elas recebem – e acatam – da sociedade moderna. Estudando os traços etiológicos da esquizofrenia, Gregory Bateson chama "dupla coerção" (*double bind*)[13] a situação em que se encontra uma pessoa submetida, permanentemente, a ordens que se excluem ou se negam umas às outras, sem que ela tenha possibilidade de escapar do campo onde interagem essas "injunções contraditórias". Quem está submetido ao *double bind* sempre sai perdendo. "Seja homem, mas continue mulher" constitui um *double bind* suficientemente grave para que dele as mulheres tentem escapar pela ambiguidade. O ser ambíguo, na medida em que não se percebe como tal, faz ou tenta fazer coexistirem em si mesmo forças conflitivas, desejos que se anulam ou que se superpõem sem integração possível. Ele se desloca de um desejo a outro, de uma existência a outra, de uma personalidade a outra, num esforço desesperado para não perder nada, para ser tudo ao mesmo tempo. O ser ambíguo é aquele que não admite a perda, incapaz de luto por um desejo.

Na ambiguidade, a pessoa existe mas não é; a pessoa existe mas não tem a vivência, a pessoa existe "em si" e não "para si".[14]

A fragmentação da personalidade feminina faz dela um "caleidoscópio de personagens", característica do ser ambíguo que Bleger descreve como já fizera Béranger, e é nesse caleidoscópio que se multifaceta e, ao mesmo tempo, se dissolve a existência feminina.

Sair da ambiguidade supõe uma discriminação dos termos da contradição e uma integração do eu capaz de suportar o conflito. As contradições, como não são discriminadas, trabalham, invisíveis, e não permitem às mulheres situarem-se ante elas.

A força subterrânea da ambiguidade é identificável em, pelo menos, três exemplos de conduta das mulheres no mundo dos homens: sua relação equívoca com o saber, sua fala sofrida, seu medo do sucesso. Escolas, universidades e centros de pesquisas estão hoje repletos de mulheres que, neles, não só adquirem, como produzem saber. A considerável produção científica assinada por mulheres não constitui, no entanto, um argumento suficientemente forte para destruir nelas sentimentos equívocos de atração e repulsão que atuam simultaneamente, sem que uma firme sua primazia sobre a outra. A simultaneidade desses sentimentos marca com o selo da incerteza a atividade intelectual que se afirma para fora, mas ao preço de um esforço interno de vencer a impressão de apropriação indébita. A relação das mulheres com o saber se cerca assim de um clima de indefinição em que entram em jogo o desejo de conquistar novos horizontes e, ao mesmo tempo, e com força igual, a falta de autoconfiança, o sentimento de estranheza em face da intimidade com o conhecimento. Se a autoconfiança se ganha no sucesso da própria produção intelectual sancionada por títulos e publicações, ela se perde na suspeita difusa de estar investindo no que não vale a pena, como se um olho crítico e talvez irônico observasse o desempenho intelectual das mulheres como uma deformação.

Não é impunemente que as mulheres, pertencentes a uma cultura em que "modos de fazer e modos de dizer se revezam e se esclarecem mutuamente, desenhando uma esfera de representações e ações que lhes pertencem",[15] fazem sua incursão na esfera do saber, campo até então reservado ao Masculino. O universo feminino se organiza em torno de saberes que lhe são próprios – o saber feminino é um saber relacional, fundado na reciprocidade e que se realiza pelo diálogo entre dois sujeitos – e se acomoda com dificuldade ao saber instrumental, que supõe uma relação sujeito/objeto e que se realiza em função de um objetivo pretensamente independente do sujeito. Os saberes femininos se apoiam na experiência, desconfiam do teórico, que aparece às mulheres como sedutor e ao mesmo tempo pouco confiável. Essa desconfiança em si não é teorizada, mas vivida de maneira obscura, mais sentida que pensada, mais experimentada que afirmada.

Coexistem assim, na conduta das mulheres ante o saber, desejos contraditórios, contradição não explícita para aquelas que a vivem e que, sem propriamente formulá-la ou percebê-la, sofrem as suas consequências, não sob forma de paralisia – porque essa elas venceram e se inseriram em diferentes campos do saber –, mas sob forma de sentimento de inadequação, mal-estar difuso que as faz entreter com esse aspecto de seus destinos o que estou chamando de relação equívoca.

Problema do mesmo jaez é a fala sofrida, que é a fala feminina no espaço público. Sofrida porque deslocada ou vivida como tal, é a fala da estrangeira, da que não domina os códigos, da que titubeia, da que se sente mal, fora de lugar.

O fio do discurso pelo qual as mulheres justificam o silêncio ou, no melhor dos casos, o medo da palavra em situação pública, percorre um caminho de representações que parte da percepção do espaço público como rigoroso e exigente, regido pelo saber instrumental; leva à associação desse saber à linguagem conceitual, e finalmente à identificação desta com o masculino. Forma-se assim uma cadeia de associações que faz com que as mulheres, para se protegerem de um possível fracasso em relação às expectativas que elas mesmas construíram, abdiquem do direito de se exprimir.

A fala em situação pública parece significar para as mulheres uma mudança de registro linguístico em que a comunicação informal de sujeito a sujeito, de *Ego* a *Alter*, inerente ao espaço privado, cede lugar a um outro registro, conceitual, masculino, vivido não só como diferente mas como superior à linguagem feminina e mais adequado às exigências do espaço público.

A existência de dois discursos, dois estilos, dois modos de expressão, um feminino e outro masculino, tributário cada um do pertencimento a uma esfera de vida e a um espaço social, mereceu uma produção teórica importante, sobretudo de pesquisadores norte-americanos.

No leque de estudos empíricos realizados a partir da metade dos anos 1970 sobre a fala feminina e a fala masculina destacam-se os trabalhos de Robin Lakoff.

Numa obra que provocou controvérsias não só entre os sociolinguistas por sua abordagem inovadora como também entre as feministas pelas conclusões a que chega, Lakoff afirma que:

> *a linguagem nos usa tanto quanto nós usamos a linguagem e (...) nossa escolha de formas de expressão é guiada pelos pensamentos que queremos expressar, da mesma forma que a maneira como sentimos as coisas no mundo real governa a maneira como nos expressamos sobre essas coisas.*[16]

A partir dessa premissa, Lakoff se dedica a analisar até que ponto a maneira de usar a língua que se ensina às mulheres, assim como o modo de que a linguagem corrente dispõe para se referir a elas, exprimem e reforçam uma situação de "discriminação linguística". "Alguns itens lexicais significam uma coisa quando aplicados aos homens e outra quando aplicados às mulheres, e essa diferença refere-se aos diferentes papéis desempenhados pelos sexos na sociedade."[17]

Através de numerosos exemplos tirados do inglês falado nos Estados Unidos, Lakoff conclui que existiria uma "língua de mulheres", produzida pelo processo de socialização e caracterizada por diferenças de registro lexical, de estrutura sintático-estilística e fonêmica. Comparado com o discurso masculino, o falar das mulheres comporta um uso mais corrente de adjetivos, é mais polido e cortês, privilegia as construções modais que exprimem uma trivialidade de conteúdo assim como uma atitude incerta, hesitante e pouco segura de si. Há igualmente, na linguagem das mulheres, uma preocupação desmesurada com o purismo e com a hipercorreção gramatical, que pretende compensar um modo de expressão inseguro. Para Lakoff, por seu conteúdo fútil e frívolo, pela ênfase dada às reações emotivas, por seu tom mais nervoso e seu fluxo mais irregular, o falar das mulheres se desqualifica em face do discurso masculino, mais forte e afirmativo, construído de maneira a consolidar a posição de força dos homens no espaço público.

Julgando que esse discurso feminino superficial e confuso impede as mulheres de quebrar seu status de inferioridade social, Lakoff indica como caminho da igualdade a aquisição, pelas mulheres, de formas "mais fortes" de expressão que, até hoje, permaneceram domínio reservado dos homens. Essa última afirmação é vivamente contestada pela maioria das pesquisadoras desse tema que, embora concordando em correlacionar especificidade de linguagem e dominação sexual, recusam a noção de que o discurso masculino constitua a norma e o padrão a que as mulheres deveriam se curvar.

N. Henley explora uma pista de pesquisa paralela, debruçando-se sobre as relações entre "poder, sexo e comunicação não verbal". Essa autora examina os pequenos acontecimentos e interações da vida cotidiana aparentemente desprovidos de significação maior – a maneira, por exemplo, como os homens e as mulheres ocupam o espaço, se olham nos olhos, se tocam, sorriem, tomam a iniciativa de entabular conversa, de mudar de assunto ou interromper o outro, atos "micropolíticos" que revelam e ao mesmo tempo reforçam as estruturas de poder e as relações interpessoais de dominação.[18]

As pesquisas conduzidas por Henley levam-na a afirmar que, em situações mistas, os homens têm tendência a falar mais que as mulheres e a interrompê-las com muito mais frequência. Eles se permitem, também, olhá-las direto nos olhos e tocá-las e, de um modo geral, adotam uma postura corporal mais descontraída. Como a recíproca não é verdadeira – as mulheres, muito pelo contrário, têm tendência a desviar o olhar ou a baixar os olhos, param de falar se lhes cortam a palavra e se submetem ao toque e ao sorriso masculinos –, cada um desses pequenos episódios da convivência cotidiana torna-se gesto significativo e simbólico de uma reafirmação do status dominante dos homens.

O código gestual, a mímica e a postura corporal conjugam-se ao código linguístico em uma interação em que estão em jogo não somente registros linguísticos próprios a cada sexo, como também a relação de cada sexo com a linguagem e com a atividade verbal enquanto modo de expressão.[19]

Homens e mulheres adotam registros linguísticos diferentes na medida em que se ligam a centros de interesse específicos e passam assim a dispor de competências linguísticas diferentes.

Essa interpenetração entre forma e conteúdo do discurso reflete, no plano linguístico, a interação social mais ampla entre linguagem, pensamento e esfera de vida. Os homens dominam os registros técnicos, políticos e intelectuais e têm o controle da palavra pública. As mulheres só dominam registros referentes a campos socialmente considerados como secundários ou insignificantes. A fala feminina, competente no espaço privado, torna-se titubeante e insegura em situações nas quais a conotação pública é predominante.

Os diversos estudos sociolinguísticos citados vinculam a demarcação dos papéis sociais segundo o sexo à especificidade de registros linguísticos. Todos eles tendem a concluir que uma mudança desses papéis sociais atenuaria a diferença de linguagem entre homens e mulheres. A uniformização de seus modos de vida, com as mulheres ascendendo às mesmas carreiras e à mesma formação que os homens, apagaria as diferenças linguísticas. Os modos de dizer femininos desapareceriam, um dos sexos se tornaria o outro, o universal absorveria o particular, o único sufocando o diferente.

Essa conclusão, entretanto, me parece equivocada na medida em que não leva em conta que o acesso das mulheres à educação e às carreiras masculinas está se dando concomitantemente a uma preservação dos papéis femininos tradicionais. Não se pode falar, portanto, em uniformização, e isso talvez explique por que as mulheres hesitam, tergiversam, queixam-se, angustiam-se.

Essa integração através da apropriação da palavra masculina coexiste com uma "tradição" de fala feminina; essa coexistência é vivida pelas mulheres como fonte de confusão e indefinição.

Na verdade, a pretensa uniformização progressiva dos modos de vida masculino e feminino é incompleta e desigual. As mulheres penetram no mundo dos homens, mas esse movimento se faz sem contrapartida nem reciprocidade. Embora a sociedade aceite e, às vezes, até exija que uma mulher saiba falar como um homem, a recíproca não é verdadeira.

Um homem que adote um modo de falar "feminino" é apontado como portador de um comportamento desviante. Esse duplo critério de julgamento reafirma a primazia do discurso masculino como única norma com validade geral e encerra as mulheres numa situação paradoxal.

As mulheres aprendem a falar de maneira adequada a seu sexo sob pena de receber uma sanção como "masculinizadas". Mas, para se afirmarem como seres autônomos e independentes no espaço público, elas precisam introjetar a norma do discurso masculino. Reedita-se a dupla mensagem: falar bem a língua dos homens é pôr em risco seu reconhecimento enquanto mulher. Falá-la mal é expor-se ao ridículo profissional.

A fala sofrida assim como a relação equívoca com o saber são manifestações de um desejo mal formulado, impreciso, de não renunciar totalmente aos traços da cultura feminina – que continua viva e atuante na vida das mulheres –, ainda que essa presença represente um complicador para novas experiências, vivências e desafios que elas mesmas desejam e reivindicam.

Na verdade, o domínio da palavra e do saber são pré-requisitos fundamentais para uma travessia bem-sucedida do espaço público. Nas mulheres, esse êxito é tão desejado quanto temido; tão procurado quanto sabotado; é, ao mesmo tempo, imagem sedutora e fantasma obscuro.

O medo do sucesso, travestido em medo do fracasso, é o terceiro componente desse desempenho problemático das mulheres no mundo dos homens. Um jogo de sim e não se instala: desejos de mudança e ambições de vida pública interagem com o medo do fracasso, com a incapacidade de assumir o desafio de seus próprios desejos.

As mulheres querem mudar de vida mas temem as consequências da mudança. Têm medo de questionar sua autoimagem tradicional sem a certeza de encontrar outra mais satisfatória por meio de sua inserção no mundo do trabalho. Têm medo de não estar mais em condições de desempenhar seu papel de alicerce emotivo e afetivo da família sem a certeza de encontrar compensações em suas atividades profissionais.

Insatisfação, ambição, desejos de independência e de autonomia são sentimentos que, nas mulheres, muitas vezes são acompanhados pelo fantasma da culpa. É essa culpa que o fracasso vem sancionar. Sendo a culpa um sentimento que se nutre das provas de que se está errada, a melhor dessas provas é o fracasso. Lugar de transgressão, o espaço público torna-se também lugar de expiação.

Ter sucesso, para as mulheres, é bem mais arriscado que fracassar. Ter sucesso não está previsto e introduz ao desconhecido. Negociar o sucesso profissional com o equilíbrio familiar e afetivo parece a muitas mulheres configurar uma ameaça de desencontro que elas preferem evitar.

Já em 1949, Margaret Mead lançava seu grito de alarme: "quanto mais bem-sucedido é um homem em seu trabalho, mais certeza têm todos de que ele será um bom marido; quanto mais bem-sucedida for uma mulher, mais receia-se que ela talvez não seja uma esposa bem-sucedida." Vinte anos mais tarde, Martina Horner, baseando-se em estudos referentes às representações e expectativas de cada sexo em relação aos papéis masculino e feminino, constata que uma das causas determinantes da falta de sucesso profissional das mulheres decorre do receio delas de que o êxito comprometa sua feminilidade e as ponha em perigo.[20]

Feminilidade e êxito aparecem como dois polos desejados mas mutuamente excludentes. É a constatação dos riscos do êxito que leva as mulheres seja a evitar os papéis nos quais o êxito é possível, seja a fazer o necessário para que o êxito não se materialize, seja a se concentrar em "carreiras femininas", nas quais o sucesso não causa os mesmos problemas que quando é alcançado em "carreiras masculinas".

O medo do sucesso faz-se traço permanente da personalidade feminina. Se a identidade feminina depende fundamentalmente da aprovação dos homens e se os homens se sentem ameaçados em sua masculinidade por mulheres competentes, uma mulher competente corre o risco de não ser escolhida e amada.

Judith Bardwick introduz uma outra dimensão explicativa: a angústia que as mulheres sentem vem do fato de que seu comportamento aparece, a seus próprios olhos, como desviante.

> *O desvio consiste na adoção de autoimagens, condutas e atitudes que destoam das prescrições de comportamento ditadas pelas normas de*

sexo e pelos estereótipos de gênero. (...) O medo que as mulheres têm do sucesso pode não ser um traço psicológico, mas sim um receio de que uma incorporação excessiva dos estereótipos masculinos as empurre para comportamentos desviantes, expondo-as a todo tipo de sanção social.[21]

Redigida no fim dos anos 1970, a conclusão da autora reflete o otimismo da época: a entrada maciça e crescente das mulheres no espaço público seria suficiente para terminar com qualquer ideia de desvio e de culpa.

Quando deixamos de considerar o medo do sucesso como traço psicológico constitutivo da personalidade feminina para entendê-lo como reação defensiva ao que é percebido como comportamento desviante, deslocamos a explicação de uma variável interna, assumida como sendo permanente e difícil de mudar, para a realidade externa, que é sempre mais fácil de ser alterada.[22]

No começo dos anos 1980, uma obra sem pretensões científicas obteve uma escuta impressionante do público leitor feminino dos países industrializados. Descrevendo em estilo jornalístico o que pesquisas acadêmicas haviam constatado em relação ao medo do sucesso, Colette Dowling confirma que a própria ideia de sucesso se reveste de significação diferente para cada um dos sexos.

As mulheres não parecem procurar o êxito como fazem os homens. Elas se protegem dele. Sentem tanta ansiedade quando as coisas vão bem quanto quando a rejeição ou o fracasso parecem iminentes. Tem-se a impressão de que sair-se bem – tornar-se eficiente num dado campo, ter êxito – assusta um número incrível de mulheres que possuem as qualidades requeridas para produzir algo de valor no decorrer da vida.[23]

Segundo Dowling, quanto mais talentosas são as mulheres, mais elas se angustiam frente ao risco do sucesso. Para os homens, o êxito pode reforçar sua autoimagem enquanto indivíduo autônomo, independente, agressivo e empreendedor. Já para as mulheres, o êxito é fonte de tensão e incerteza. As mulheres bem-sucedidas mergulham num mundo de regras desconhecidas, o que agrava as dificuldades de organização da vida cotidiana e, principalmente, traz o risco de comprometer aquilo que é, aos seus olhos, o bem mais precioso: suas relações afetivas.

A ambição pessoal, o impulso criador, o desejo de ter êxito no espaço público são percebidos como ameaça direta a uma definição de feminilidade baseada nas noções de sacrifício de si mesma, dedicação aos outros, dependência e vulnerabilidade.

As mulheres não cortejam o fracasso: elas evitam o sucesso (...).

Para a mulher tomada enquanto indivíduo, evitar o êxito será menos visivelmente destruidor que procurar o fracasso, mas não podemos subestimar as consequências desse fenômeno sobre as mulheres em geral. A tendência que temos de nos autoimpor limites, de fazer coisas que ficam aquém de nossas capacidades reais de preferência, de correr o risco de não sermos mais amadas, decorre do que chamei "confusão dos gêneros" essa nova incerteza sobre nossa identidade de mulheres. Não fazer nada é a melhor garantia de não ter que experimentar a angústia ligada a nossas conquistas e realizações, com o risco que lhes é inerente, de nos sentirmos não femininas.[24]

Para todas essas autoras, o medo do êxito é, portanto, um comportamento de fuga e defesa diante dos riscos de fragmentação da identidade feminina. E, no entanto, esse receio – ou seu avesso, a adesão ao fracasso como profecia que se autoconfirma – não fornece mais às mulheres um álibi perfeito.

As estratégias de evitamento e autodesqualificação coabitam no psiquismo feminino com sentimentos de força igual e contrária, como o desejo de mudança e a necessidade de afirmação de si mesma. Os polos dessa interação contraditória não se anulam um ao outro num equilíbrio fictício, mas coexistem, de maneira instável e cambiante, ao longo de toda a travessia dos territórios do masculino, provocando ora confiança e euforia, ora ansiedade e depressão. A atitude das mulheres em relação ao êxito, como em relação à fala pública e ao saber, não é marcada nem pela afirmação nem pela negação pura e simples, mas pela ambiguidade. O feminino não pode ser o lugar de uma síntese impossível. Sua reconstrução atravessa o reconhecimento e a elaboração de um impasse. Sair desse impasse implica, antes de mais nada, para as mulheres, admitir que estão jogando consigo mesmas um jogo de cartas marcadas. Quem ganha perde; quem perde ganha. Em face dos paradoxos, das escolhas impossíveis, a resposta das mulheres não poderia ter sido, em um primeiro momento, senão a ambiguidade. Transformar o estatuto social das mulheres não pode ser uma mudança que se opere só nelas e graças a elas, pela acumulação de funções sociais e, em consequência, de registros psíquicos. A angústia que habita as mulheres coincide, a meu ver, com o princípio de uma reação lúcida à situação de ambiguidade ante um projeto impossível porque mal formulado. Coincide com a entrada na ambivalência. Passar da ambiguidade à ambivalência significa, para as mulheres, ver mais claro, o que não significa ver mais simples ou mais alegre.[25]

O movimento de mulheres é hoje o espelho onde se reflete a ambiguidade feminina, benfazejo espelho que, tendo o papel passivo de receber a imagem, tem o papel ativo de devolvê-la. Esse espelho deve permitir à mulher que nele se contempla reconhecer seu rosto fragmentado, que se faz e se refaz desses mesmos fragmentos, insolitamente reencontrados, e que tem, nesse reencontro, seu enigma e desafio. Só esse espelho poderá tornar a ambiguidade, inscrita nos fatos e transcrita no psiquismo feminino, visível àquela que a vive, abrindo assim caminho para sua transformação em ambivalência assumida, consciência da contradição, do sim e do não, das tensões que decorrem desse sim e desse não, da paralisia que se instala entre eles.

A imagem refletida é a de quem tenta fazer coexistirem em si desejos que se anulam e se superpõem sem integração possível – alguém que se desloca de um desejo a outro, de uma existência a outra, de uma personalidade a outra, em um esforço desesperado de ser tudo ao mesmo tempo.

Espelho da ambiguidade, o movimento feminista está atravessando a ambivalência, *conditio sine qua non* para repensar o conceito de igualdade. O que equivale, a meu ver, a exteriorizar a angústia que cada uma carrega como uma culpa coletiva, depositando-a fora de si, nos ombros da sociedade. O movimento feminista tem hoje um passado de um século, mas, longe de estar esgotado, entra na última década do milênio com um futuro assegurado. O futuro do movimento é angustiar a sociedade, deparando-a com os problemas que, até agora, as mulheres tentaram resolver sozinhas.

Transformar a neurose das mulheres em neurose social é o recurso terapêutico de que elas terão de lançar mão.

NOTAS

1. "Féminiser le monde". *Documents IDA* C nº 10. Genebra: Institut d' Action Culturelle, 1975.
2. Idem.
3. Idem.
4. Idem.
5. Idem.
6. Serge Moscovici. *Psychologie des minorités actives*. Paris: PUF, 1979, p. 11.
7. Idem, p. 192.
8. Idem, pp. 192-193.

9. Foi Maria de Lourdes Pintasilgo quem primeiro utilizou, em conferência pronunciada no *Recontres Internationales de Genéve* de 1985, a expressão "igualdade inédita e subversiva" para caracterizar o reconhecimento da diferença sem hierarquia como pedra de toque da identidade feminina.
10. J. Laplanche e J.-B. Pontalis. *Vocabulaire de la psychanalyse.* Paris: PUF, 1981, p. 21.
11. J. Bleger. *Symbiose et ambiguité.* Paris: PUF, 1981, p. 208.
12. Idem, p. 211.
13. Ver Gregory Bateson. *Vers une ecologie de l'esprit.* Paris: Seuil, 1980, tomo II, pp. 9-14.
14. J. Bleger. op. cit., p. 223.
15. Yvonne Verdier. *Façons de dire, façons de faire.* Paris: Gallimard, 1979.
16. Robin Lakoff. *Language and Woman's Place.* Nova York: Harper and Row, 1975, p. 3.
17. Idem, p. 4.
18. N. Henley. "Power, Sex and Nonverbal Communication". *Berkeley Journal of Sociology,* 1973-4, 18, pp. 1-26.
19. Ver também Marina Yaguyello, *Les mots et les femmes.* Paris: Payot, 1978, e Carol Gilliyan, *Uma voz diferente,* Rio de Janeiro: Rosa dos Tempos, 1990.
20. M. Horner. "Fail: Bright Women", Psychology Today, nov. 1969, 3 (6) e "Towards an understanding of achievement-related conflicts in women", *Journal of Social Issues,* 1972, 28, pp. 157-175.
21. Judith Bardwick. *Women in Transition,* The Harvester Press: Brighton, 1980, pp. 51/52.
22. Idem, p. 52.
23. C. Dowling. *Le complexe de Cendrillon.* Paris: Seuil, 1982, p. 202.
24. Idem, p. 209.
25. A temática da ambiguidade foi por mim mais largamente desenvolvida em *Le féminin ambigu,* Genebra: Editions du Concept Moderne, 1989.

III - A EMERGÊNCIA DO FEMININO

Nas soluções que encontrar para a convivência entre os sexos, a sociedade estará desenhando seu próprio perfil e redefinindo o destino do feminino e do masculino. Essa incógnita contém uma dose suficiente de angústia para que ninguém que pense esse desenho de futuro deixe de reconhecer a gravidade dos gestos que o modelam.

Há quem pense e descreva o Feminismo como uma moda dos anos 1970, associada ora a mulheres inadaptadas, ora às exigências de uma certa modernidade. De todo modo, ele seria um movimento ultrapassado, com o crédito de ter deixado algumas marcas que o tempo apagará. Essa percepção contingente do que aconteceu às mulheres ao longo do século XX deve-se a um certo gosto jornalístico que impregnou as ciências sociais sob a forma de sedução pelo impacto imediato, por aquilo que, em dado momento, é pedra de escândalo.

Mais difícil é buscar, em um movimento social, a história arcaica de sua gestação, e mais penoso ainda tentar decifrá-lo como sintoma, como febre que prenuncia uma alteração orgânica profunda. Ao longo dos últimos trinta anos do século XX, vivemos o momento febril da convivência entre os sexos. Mas o processo de transformação orgânica dessa convivência se prolongará no futuro, com características hoje insuspeitadas.

O eterno feminino dos poetas, que envolvia as mulheres no véu da a-historicidade, dissipou-se ao contato de novos tempos; o que surgiu, então, foi indefinição e efervescência.

Os anos 1970 trouxeram um feminino ávido de igualdade, que buscava escapar de seus limites dissolvendo-se no universal. Esse feminino, no entanto, esbarrou na confusão entre universal e masculino. Uma noção unilateral de igualdade, em que o masculino travestido em universal é medida e ideal, confronta as mulheres ao paradoxo de ser, ao mesmo tempo, elas mesmas e o Outro.

Foi preciso que toda uma geração de mulheres – a geração exemplar que cursou escolas, sentou-se nas universidades, dirigiu empresas e elegeu-se para os parlamentos – avaliasse criticamente essa experiência de estar no mundo dos homens para que um primeiro balanço de lucros e perdas pudesse ser feito.

Lá onde uma social-democracia avançada ofereceu mais rapidamente às mulheres o apoio institucional necessário para a efetivação dessas conquistas, lá, nos países nórdicos, justamente, surgiram os primeiros sinais de crise interna no movimento feminista, as primeiras manifestações de uma nova insatisfação, os primeiros desvios indicadores de um novo processo de complexificação.

Se a exigência de igualdade com os homens foi, até os anos 1970, uma transgressão, um desafio à ordem estabelecida que exigiu coragem e firmeza de toda uma geração, é essa mesma geração – a que colheu os frutos e ao mesmo tempo pagou o preço dessa igualdade – que, hoje, inicia uma nova transgressão. Transgrediu-se a ordem que atribuía ao masculino o direito de definir o feminino como seu avesso; transgride-se, agora, a ordem que o autorizava a defini-lo como sua imitação. A transgressão de agora, em sendo um desmentido dessa ordem, tem a extrema originalidade de se recusar a ser uma contraordem.

O movimento de mulheres chega à maturidade justamente com o entendimento da ambiguidade que aflige as mulheres em sua travessia dos territórios do masculino, zona de sombra que esse entendimento terá que iluminar. Mas tanto mais maduro estará quanto melhor resista a formular uma receita de mulher e tolere a experiência da indefinição, de uma desordem que, como já foi dito, é paradoxalmente organizadora. Conviver com a desordem é certamente angustiante; talvez o mal-estar que ela provoca seja responsável pela tentação de recriar modelos, maneira indireta de simplificar uma realidade altamente complexa.

O recurso da dialética, sempre à mão em situações de conflito, tenta levar para o campo das sínteses unificadoras experiências irredutivelmente diferentes. Dentre as possíveis reencenações simplificadoras da relação entre os sexos, o mito do andrógino invade o proscênio.

Élisabeth Badinter, em uma obra significativamente intitulada *Um é o Outro*,[1] apega-se a ele para prever o apagamento das diferenças entre homens e mulheres pela aproximação da experiência de ambos os sexos e para anunciar o advento – ou a volta – do andrógino, essa criatura dual, feita de masculino e de feminino. Segundo a autora, os sinais precursores dessa androginia coletiva seriam verificáveis sobretudo na experiência das mulheres, que estariam se adaptando, sem maiores problemas, a uma multiplicidade de papéis e registros.

> *Seguras de sua feminilidade, as mulheres utilizam e manifestam sua virilidade sem reticências. Alternando, à vontade, papéis masculinos e femininos de acordo com os períodos da vida ou dos momentos do dia, elas não têm o sentimento de que sua bissexualidade seja uma ameaça para sua identidade feminina: ao contrário, sentem a alteridade como a condição de uma existência mais rica e menos determinada previamente. No conjunto, as mulheres parecem satisfeitas com sua nova condição e aceitam a ideia de serem "gêmeas" dos homens.*[2]

Citando a interpretação de Platão ao mito do andrógino, símbolo da unidade perdida, Badinter aposta em uma possível androginia anunciada para o futuro. Homens e mulheres estariam caminhando para o apagamento das diferenças graças a uma participação já visível e cada vez mais ativa das mulheres no espaço público e a uma tendência, ainda embrionária mas passível de desenvolver-se, de partilha, pelos homens, das responsabilidades familiares – o que os aproximaria da experiência feminina.

Ao fazer essas observações, Badinter afirma sua confiança na evolução do quadro legal e em sua capacidade de modelar a sociedade, para que dela emerjam homens e mulheres andróginos. Endossa, assim, implicitamente, a noção de que as diferenças entre homens e mulheres residiriam nos papéis sociais; ao mesmo tempo exprime sua convicção de que o apagamento dessas diferenças significaria um estágio superior da convivência humana.

A meu ver, a percepção dos papéis sociais como lugar em que se tece a diferença é apenas parcialmente verdadeira. As mulheres que hoje exercem papéis masculinos nem por isso são homens. Guardam a vivência de um corpo feminino que as expõe a experiências existenciais que não são as do corpo masculino, e essas experiências não são menos constitutivas nem fundadoras que as experiências sociais.

As mulheres guardam um psiquismo marcado pelo Feminino que a psicanálise tem tentado decifrar, descrevendo-o ora como "continente negro", no caso da psicanálise freudiana, ora como ausência, como fazem seus prolongamentos lacanianos, ora como palavra que se busca ou que busca fazer-se entender. Fala incompreensível para o aparelho receptor de uma teoria construída *in absentia*, "esse sexo que não é", decretado inexistente, é acolhido com deslumbramento pela escuta atenta de Luce Irigaray.[3]

Corpo, psiquismo e lugar social – sujeitos a interações mútuas que se retroalimentam – vão processando as transformações do feminino no seio do tempo, "esse grande escultor".

Contudo, para as próprias mulheres, é difícil pensar o Feminino assim. Formadas nas escolas de pensamento dos homens, quando tentam ler sua complexa realidade, desvendar a dramaticidade do momento que estão vivendo, recorrem a cartilhas teóricas que obscurecem mais que iluminam as zonas de sombra em que se movimentam. Os sociólogos temem os psicanalistas e vice-versa. Ambos temem mais ainda os biólogos. Daí que corpo, psiquismo e lugar social nunca se interpretam senão de maneira excludente, cada disciplina reivindicando para si, para o campo tão restrito de seu instrumental teórico, a explicação desse fenômeno de complexidade infinita que é um ser humano as voltas com a vida e com o seu tempo.

O desafio de compreender o que estão vivendo obriga as mulheres a afastarem-se de quadros conceituais disciplinares e força-as a articular, sem preconceitos, todos os instrumentos teóricos que lhes permitam ler uma realidade que é feita de corpo, desejos e papéis sociais. A vida, multidisciplinar, transborda das fronteiras teóricas.

Nesse esforço de releitura de um fenômeno complexo penso que, contrariamente ao que Badinter parece anunciar e desejar, o que vem se desenhando como tendência na organização das sociedades contemporâneas está bem longe de ser uma ocupação crescente dos espaços privados pelos homens, recíproca e complementar à ocupação já extensa dos espaços públicos pelas mulheres. Se é verdade que se nota, hoje, sobretudo em casais jovens, uma maior partilha no cuidado com os filhos, é também verdade que a organização da sociedade como um todo não caminha no sentido de adotar políticas que permitam aos homens um maior tempo dedicado à vida privada, ao mesmo tempo em que se acentua a pressão no sentido de uma ocupação cada vez maior do tempo das mulheres no espaço público.

O mercado de trabalho está organizado em torno do tempo integral. Os empregos de tempo parcial continuam sendo não somente os que recebem pior remuneração como também aqueles que não permitem imaginar maiores desenvolvimentos profissionais. Afora os artistas, que organizam livremente seu tempo, ou as profissões tradicionalmente femininas – como o magistério fundamental, que, justamente porque feminino, é uma carreira já imaginada para só ocupar meio tempo –, quase tudo o que resta no mercado como oportunidade de emprego demanda um investimento a tempo integral. Ora, quando homens e mulheres entram, ambos, na lógica do tempo integral, o que está em jogo é o risco de um progressivo desaparecimento da vida privada.

O que Badinter imaginava como andrógino eram homens e mulheres capazes, ambos, de prover seu sustento e ocupar-se das atividades gratuitas da vida. O que estamos vivendo e que ameaça afirmar-se como norma é o desaparecimento da gratuidade que caracteriza a esfera do privado e sua substituição por uma rede institucional que se responsabilizaria pelos aspectos da vida familiar de que, até hoje, ocupavam-se as mulheres. Instituições, empresas e Estado absorveriam e tratariam, em termos profissionais, as relações humanas mais íntimas, que constituem a privacidade dos indivíduos.

Até alguns anos atrás, entendíamos por vida privada o que se passava num cenário, num espaço físico bem delimitado, a casa, no interior da qual uma pessoa, a mulher, se ocupava de fazer viver uma família. Essa ocupação incluía a criação dos filhos e, em muitos casos, a sobrevivência dos velhos. A mulher, por sua vez, era mantida com os recursos provenientes de um salário que outra pessoa – o homem – obtinha em troca de seu trabalho em um espaço exterior à casa, espaço onde os gestos eram valorizados e remunerados por critérios econômicos.

O cotidiano das mulheres era marcado por tarefas gratuitas que interessavam à família. O cotidiano dos homens, por um trabalho remunerado que interessava à sociedade. Essa fronteira demarcava claramente um universo privado onde se movimentavam as mulheres e um universo público onde se movimentavam os homens.

O mundo masculino e o mundo feminino eram diferentes e desiguais. O impulso que levou as mulheres a reivindicar seu acesso ao mundo dos homens foi de várias índoles. Certamente buscavam a independência econômica, posto que a submissão implícita na dependência dos recursos ganhos pelos homens era evidente. Buscavam também o acesso a outros horizontes, a outras experiências, buscavam convivência fora da família, buscavam saber, buscavam poder nas decisões da sociedade. Buscavam, enfim, o direito a fazer e a rever escolhas sexuais, buscavam o direito ao controle sobre seus corpos.

Essa irrupção das mulheres no espaço público está na raiz de uma problematização da vida privada. Num primeiro momento, as mulheres tentaram pura e simplesmente fazer de conta que o problema não existia. Procuraram compatibilizar, no espaço de um só dia, o que antes eram duas vidas. Realizavam em casa as ocupações essenciais à preservação da família e na rua os trabalhos de interesse da sociedade. Cansadas, divididas, insatisfeitas, acabaram se revoltando contra o que chamavam "dupla jornada". Passaram, então, a denunciar a invisibilidade que pesava sobre o trabalho feminino no espaço privado.

Nessa denúncia, no entanto, as mulheres subscreveram o quadro de referência dos homens. Na medida em que o trabalho se definia como uma atividade pública, solicitada e valorizada por outros e por eles remunerada, as feministas se empenharam em fazer a sociedade reconhecer como trabalho as tarefas repetidas a cada dia cuja finalidade é a manutenção da própria família. Procuravam, assim, atribuir valor a essas tarefas; ora, o que confere valor a um trabalho é a atribuição, pela sociedade, de um salário que o remunere; por isso elas começaram a falar em "salário doméstico".

Entraram no vocabulário feminista expressões como "reprodução da força de trabalho" para qualificar tudo o que se referisse à criação dos filhos. No esforço de conferir respeitabilidade social a seu cotidiano doméstico, as próprias mulheres procuraram encaixar sua vida de cada dia em conceitos que lhe eram completamente estranhos. Fazia-se apelo ao econômico para legitimar o afetivo.

A reivindicação de um salário doméstico que viesse remunerar o trabalho "invisível" das mulheres em casa se fundava em dois argumentos. "Esse trabalho ao qual elas dedicam de quatro a oito horas por dia, em média, difere de todos os outros. Por um lado, é obrigatório e quase exclusivamente reservado às mulheres; por outro, é efetuado gratuitamente (...) Nas sociedades modernas, não há outro exemplo de uma tal massa de trabalho efetuado sem salário."[4]

Duas economistas francesas empregaram-se uma na casa da outra como diaristas e realizaram, em troca de um salário, o que faziam de graça em suas próprias casas. Com isso demonstraram o valor de mercado do trabalho doméstico, realidade largamente conhecida nos países do Terceiro Mundo, onde cuidar da casa é responsabilidade da "empregada doméstica".

Essa abordagem fez com que as discussões sobre o salário doméstico terminassem quase sempre de maneira melancólica. Quando se tratava de imaginar as formas de implementação desse salário, víamos no horizonte a imagem patética de uma dona de casa transformada em funcionária pública, prestando contas da qualidade de vida de sua família. As lentes do economicismo de pouco serviam quando o que se buscava era olhar de perto a vida humana.

Pouco a pouco as mulheres foram se dando conta de que talvez a questão não fosse tanto saber quem se ocupa da vida privada e sim em que consiste essa dimensão existencial, qual sua importância e seu sentido, quais suas chances de sobrevivência.

De fato, a esfera da vida privada se estrutura em torno de relações afetivas, obedece a contratos não escritos de ajuda mútua, não remunerada a não ser pela reciprocidade. Os termos desse contrato dizem respeito apenas a um número limitado de pessoas que se escolheram para partilhar o cotidiano e um diálogo intersubjetivo. A esfera privada é, portanto, acima de tudo, o lugar das interações espontâneas; as atividades que ali se desdobram revestem-se de um caráter diferente do das denominadas "trabalho".

A atribuição de um valor de mercado a atividades desdobradas na esfera privada leva a situações frequentemente absurdas, como as descritas por André Gorz: "A equidade e a lógica econômica desejariam que tudo o que as pessoas fazem fosse avaliado segundo seu valor de troca de mercado: a noite que a mãe passa à cabeceira do filho doente, pela tarifa de enfermeira noturna; o bolo de aniversário da avó, pelo preço que custaria no doceiro; as relações sexuais, pelo preço que cada um dos parceiros pagaria num Eros Center; a maternidade ao preço de barriga de aluguel etc."[5]

Economistas e sociólogos tendem a apreender a funcionalidade das atividades individuais e não o sentido que elas têm para os indivíduos. É verdade que caso "se coloque o sistema como sujeito e os sujeitos vivos e pensantes como instrumentos de que o sistema se serve, tudo aparece como útil ao sistema, portanto como trabalho. Entretanto, se colocamos o indivíduo como sujeito, capaz de atividade sem objeto de mercado que se constitua num cálculo contabilizável, tal atividade ganha outro caráter, isto é, a própria atividade é o seu objetivo primário, este não sendo seu valor de troca".[6]

As mães não alimentam seus filhos para reproduzir a força de trabalho (ainda que, ao alimentá-los, acabem por reproduzi-la). Dificilmente se imagina uma greve nesse terreno para reivindicar melhores condições de trabalho. Contudo, se a preocupação de valorizar o trabalho doméstico é tão grande entre sociólogos e economistas ligados ao movimento das mulheres, isso se deve ao fato de que, na sociedade de mercado, o reconhecimento de uma atividade qualquer passa pelo reconhecimento público de seu valor e pela fixação de um preço a ela atribuído.

Gigantesco mal-entendido esse que levou as mulheres a tentar valorizar seu mundo, sua vida, pelo salário, ou seja, recorrendo ao critério de valor vigente no mundo dos homens como único possível. Melhor fariam se procurassem convencer os homens da importância existencial, para homens e mulheres, da vida privada, não para que se lhes paguem, mas para que não se lhes negue valor social.

Ao submeterem a gratuidade do universo afetivo e familiar à lógica de mercado, as mulheres tentavam fazer reconhecer pelos homens, com a linguagem do seu mundo, que o que elas fazem e vivem tem valor. Talvez tenha chegado o tempo de inverter a lógica desse raciocínio e dizer à sociedade a riqueza do universo feminino, até agora oculta porque gratuita, mas também porque não dita, não reconhecida pelas próprias mulheres. Talvez tenha chegado o momento de desistir de transformar a vida privada em emprego e assumi-la como um bem tão precioso que não se põe à venda, que não tem preço no mercado.

Entretanto, se esse bem é precioso, não há por que pertencer somente às mulheres. Oferecer aos homens a possibilidade dessa gratuidade que moldou o estar no mundo das mulheres significaria, em si, uma mudança considerável nas reivindicações do feminismo que, em lugar de lutar apenas

A emergência do feminino

por mudanças no estatuto social das mulheres, proporia mudanças civilizatórias.

Pelo viés das relações entre homem e mulher, pelo viés das relações entre público e privado, lógica do mercado e lógica da gratuidade, o que se estaria discutindo são os fundamentos mesmos da convivência humana e da sociedade.

Nessa revisão de conceitos fundamentais geradora de novas propostas de organização social, é preciso começar por não reduzir o universo feminino às tarefas domésticas. A herança de um marxismo mal digerido e a busca de respeitabilidade teórica numa época em que o marxismo ainda dominava as ciências sociais levaram correntes do movimento feminista a reducionismos desastrosos. Procurou-se, na mulher, a trabalhadora; gastaram-se muito tempo e energia em discussões mal formuladas sobre as relações entre classe e gênero. Esses preconceitos fizeram com que permanecessem na sombra os aspectos talvez mais fascinantes do universo feminino.

A busca de analogias que aproximassem a problemática das mulheres da dos trabalhadores ou enfocassem a vida feminina em sua dimensão de trabalho foi ocultando, nos ensaios teóricos e nas plataformas políticas – ou seja, tanto no plano do Saber quanto no do Poder – os aspectos mais ricos da feminilidade. São esses aspectos que, agora, emergem da sombra e do silêncio, ganhando visibilidade quando as mulheres não recorrem mais a analogias para se fazerem ouvir e compreender, e começam a articular, pela primeira vez, um discurso verdadeiramente autônomo. Mudam, então, o quadro de referência e os conceitos. Movendo-se em um universo de valores, as mulheres ousam falar em valores femininos, em cultura feminina, própria e diferente, fundamento de uma nova proposta de paridade/igualdade com os homens.

Como identificar, nomear esses valores, tirando-os da pieguice e do lugar-comum, para colocá-los em seu estatuto de força constitutiva e atuante no movimento das sociedades?

A linguagem é pobre quando confrontada ao desafio de exprimir novidades e dar nome a realidades emergentes. Improvisam-se, então, palavras como "interconexão", "alteridade", "transpessoalidade", que exprimiriam um estar no mundo – com outro e entre outros – próprio às mulheres. Esses valores são o fundamento da diferença. As mulheres são diferentes dos homens porque no centro de sua existência estão outros valores: a ênfase no relacionamento interpessoal, a atenção e o cuidado com o outro, a proteção da vida, a valorização da intimidade e do afetivo, a gratuidade das relações. Em uma palavra, uma identidade que provém da interação com outros. Daí serem as mulheres mais intuitivas, sensíveis, empáticas. Daí também, para voltar a um ponto sobre o qual já falamos longamente, o terrível sentimento de divisão, dúvida e confusão em que mergulham quando, em seu percurso de acesso ao espaço público, se veem obrigadas a confrontar seu modo de ser com as exigências de sucesso no mundo dos homens, marcado pela agressividade, competitividade, autocentração e eficiência.

Foi por serem elas o que eram que a entrada das mulheres na esfera pública, nos espaços masculinos, revestiu-se de tantos problemas e dificuldades, frente aos quais a sobrecarga material advinda da dupla jornada de trabalho parecia questão menor, de solução prática mais fácil. Na verdade, nem elas próprias nem a sociedade julgavam as mulheres competentes, aptas, capazes de ingressar no espaço público. Durante muito tempo, especialistas bem-intencionados procuraram traçar o perfil de todas as deficiências de formação, de todo o despreparo educacional, que impunham desvantagem às mulheres em termos de oportunidade de acesso aos estudos e aos postos de trabalho. Falou-se mesmo – e, em alguns lugares, implantou-se uma política de discriminação positiva, ou seja, de favorecimento das mulheres, para restabelecer uma verdadeira igualdade de oportunidade entre desiguais.

Programas de formação permanente, de requalificação profissional, de reciclagem de pessoal, de aperfeiçoamento de mão de obra, capricharam em corrigir, nas mulheres, tudo aquilo que vinha do fato de ser mulher: visões do mundo, atitudes inadequadas, linguagem insuficiente, que engendravam, como já vimos, uma relação dúbia com o saber, uma fala sofrida e julgada incompetente, um medo do sucesso travestido em medo do fracasso. Submetidas a esse processo acelerado de "aperfeiçoamento", as mulheres aplicavam-se em se transformar, em se formar, em se capacitar, jamais criticando aquilo que encontravam, calando seu mal-estar e confundindo-o com incompetência e inadequação. Querendo estar ali e, ao mesmo tempo, não querendo ou se sentindo incapazes de estar. Querendo se masculinizar e, ao mesmo tempo, imbuídas de valores femininos e temendo o isolamento e a solidão como consequência dessa masculinização exigida para rivalizar com os homens. Em suma, como já foi dito e redito, o preço da entrada unilateral e sem reciprocidade das mulheres no mundo dos homens foi a ambiguidade. A travessia dessa ambiguidade, por sua vez, foi necessária para que, pelo menos no espírito de uma minoria de mulheres, despontasse a ideia de uma renegociação radical dos termos da presença feminina no espaço público e no espaço privado.

O feminismo da igualdade levantou a bandeira do acesso da mulher à educação, ao trabalho e à política. Defendeu a liberdade de concepção e o direito ao prazer. Combateu a violência sexual e o papel subalterno da mulher. Em graus e ritmos diferentes, em culturas diferentes, o feminismo obteve uma escuta mundial.

O lugar social das mulheres e a visibilidade da questão feminina mudaram radicalmente no espaço de uma geração. No entanto, como sintetiza Barbara Ehrenreich numa frase polêmica, *"Sorry, sisters, but this is not the revolution"*, ninguém pode argumentar que a entrada maciça das mulheres nos territórios do masculino não tenha produzido *alguma* diferença. Mas o que é surpreendente e revelador é quão *pequena* tem sido, até agora, essa diferença.

A explicação desse impacto transformador limitado está, a meu ver, na maneira como foi negociada a igualdade entre os sexos. As mulheres reivindicaram um acesso incondicional a experiências que a sociedade como um todo – e elas próprias – consideravam superiores a suas vivências tradicionais. Na medida em que o acesso ao mundo masculino era o objetivo desejado, na medida em que eram os homens que determinavam o que tinha e o que não tinha valor, na medida em que a cultura masculina era uma emanação do que se produz no espaço público, é evidente que o que se "produz" na vida privada, como modo de ser, como valor e desejo, não podia ser reconhecido nem valorizado.

Uma geração inteira de mulheres, não obstante a ousadia de sua militância, apresentou-se humildemente no mercado de trabalho em busca de reconhecimento enquanto pessoa. Para tanto essas mulheres tentaram provar a todos e a si mesmas que ser mulher, dependendo da mulher, poderia até não ser um defeito.

Chegamos mesmo a assumir a dupla jornada de trabalho e a sobrecarga de tarefas materiais, mas tropeçamos na ambiguidade, reveladora da dupla mensagem, das injunções contraditórias.

Pelas veredas da dúvida, da angústia, da divisão, voltamos hoje ao ponto de partida. Não para o arrependimento da ousadia e a penitência do erro. Não há caminho de volta para as mulheres; nós não o queremos nem a sociedade moderna o propõe. Voltamos ao ponto de partida no sentido de que, exatamente porque fizemos a travessia do mundo dos homens, porque conhecemos suas normas e seus valores, estamos melhor situadas para revalorizar *nosso* mundo, *nossos* valores, não para nos refugiarmos neles, mas para repensar sua contribuição para um novo desenho da convivência entre os sexos e, por extensão, para um novo perfil civilizatório.

Isso é tanto mais urgente quanto configura uma nova ameaça, insuspeitada, a apontar no horizonte talvez pela primeira vez na história humana, ao menos nos países mais avançados. Está em risco a própria sobrevivência da vida privada como esfera autônoma da existência. Trata-se aqui de mais um paradoxo nessa longa série de mal-entendidos.

Em alguns países da Europa ocidental, em resposta às demandas das mulheres por mudanças legais e institucionais que facilitem seu acesso ao espaço público, foram implantadas, pelo Estado e pelas empresas, redes institucionais – creches, escolas, cantinas, abrigos para idosos que passaram a se ocupar dos encargos domésticos tradicionalmente assumidos pelas mulheres. Essas mudanças, concebidas como realização das condições de igualdade, começam a revelar hoje um lado muito mais inquietante. E se a extensão dessa rede institucional produzir não só uma liberação das mulheres de suas tarefas tradicionais, como também um esvaziamento da própria noção de vida privada, com a substituição da família por aparelhos burocráticos, dos cuidados gratuitos pela ação dos especialistas, da intuição e da empatia pela racionalidade e a eficiência?

Quem sabe o prolongamento dessa tendência de publicização do privado, com a absorção de suas tarefas por instituições, não aceleraria o desaparecimento puro e simples da vida privada, ou, pelo menos, seu enfraquecimento, o que, por sua vez, corroeria o solo em que planta suas raízes a cultura feminina? A predição de Élisabeth Badinter se realizaria, então, de maneira particularmente perversa. Um seria realmente o outro, mas num sentido unilateral e empobrecedor: as mulheres se pareceriam cada vez mais com os homens, com o apagamento gradativo mas inelutável da diversidade de experiências e vivências que fundam sua diferença. O esmaecimento da diferença entre os sexos reforçaria a uniformização da sociedade. O feminino sobreviveria como vestígio, objeto de atenção antropológica – sobretudo nos países do Terceiro Mundo, mais resistentes à penetração da modernidade – como sobrevivem hoje as últimas tribos indígenas.

Estaria realizada a utopia do "um é o outro". Mas é bom lembrar que nossa geração também aprendeu a duríssima lição de que toda utopia, em seu delírio normatizador, é totalitária. Aliás, nas duas grandes utopias literárias do século XX, *1984*, de Orwell e *Admirável mundo novo*, de Huxley, a realização da utopia totalitária exigia o controle absoluto da vida privada e a regulação completa da sexualidade.

Se queremos evitar a realização desse cenário de futuro há que construir outras propostas, mas não um contramodelo, uma contrautopia pronta e acabada.

Para pensar seu futuro as mulheres devem operar uma ruptura epistemológica, oferecendo-se uma liberdade de pensamento que será benéfica a todos, homens inclusive. Antes de mais nada, é preciso resistir à tirania do conceito, da definição, que não deixa espaço para as imprecisões do real. Falar de "territórios do feminino" refere-se a algo que é incerto, impossível de circunscrever e de ser provado. A imprecisão terminológica talvez ajude a sublinhar a flexibilidade de fronteiras e a própria busca de novas palavras para dizer o que se sente.

Nesse sentido, aproximar-se dos territórios do feminino seria aceitar o convite para um entendimento por aproximação, por toques que percebem a presença mas não podem ou não querem apropriar-se do que é tocado. Esse entendimento por aproximação é estrangeiro ao entendimento por apropriação, que é o ideal do conceito.

Não há como nem por que conceituar a cultura feminina, mas há sim como tocá-la, percebê-la, intuí-la, talvez. E saber que dela, desse universo fluido e fugidio, pode vir um enriquecimento certo e seguro para o diálogo humano. Ela falará, por exemplo, de melhorar a relação entre as pessoas, de melhor entender os mistérios dessa relação, mistérios tão ou mais densos que os mistérios da natureza. Falará de mais reciprocidade entre nós e a natureza, pois que entre as mulheres e a natureza há uma relação ancestral que se pode transmutar em nova aliança.

O relacional flui da cultura feminina como seu mais sábio saber. A chamada intuição feminina, relegada a uma esfera inferior de conhecimento, situada pelo pensamento racional em algum ponto entre o mágico e uma espécie de faro animal, a intuição é uma forma de apreensão do real que passa por canais que as mulheres, as próprias mulheres, nunca se interessaram por explorar.

Quem melhor sintetizou a intuição como entrada no conhecimento foi Clarice Lispector em um de seus mergulhos abissais em recônditos inexplorados. No texto que utilizei como epígrafe a este livro, Clarice lembra que há respostas que já vivem no espírito à espera da pergunta. Antes mesmo que se localize uma questão, ajudando a formulá-la, há uma resposta intuída que nos habita e que se atualiza pouco a pouco. Pergunta e resposta são, então, presenças de uma problemática que o espírito feminino abarca em sua totalidade, sabendo, entretanto, que foi a resposta que deu à luz a pergunta. Quase todas as descobertas científicas passaram por esse estágio, mas, não acreditando em si mesmas, buscaram provar-se. Quando se comprova, conta-se uma história linear, racional, lógica, em que a intuição desaparece como fato anedótico.

Atenção à relação entre seres humanos, vínculo com a natureza, intuição como forma desenvolvida de percepção:

traços da cultura feminina que não tiveram vez no espaço público, abafados que foram pela relação dos humanos com os instrumentos, predação da natureza, apelo à razão científica como esforço de dar nome ao mistério.

E, no entanto, as mulheres bem sabem quanto, ao longo da vida, lhes é útil a intuição, lhes é essencial a empatia enquanto forma de conhecimento desenvolvida no cuidado com a vida e com os outros.

As mulheres são diferentes dos homens; se essa diferença até hoje foi apresentada como fundamento e justificativa da desigualdade, só depende das próprias mulheres romper esse dado, virando-o pelo avesso. A revalorização da diferença não tem por que enfraquecer a luta pela igualdade, mas deve, certamente, redefini-la. O projeto da diferença não é uma revalorização da vida privada para as mulheres, mas pelas mulheres para o conjunto da sociedade.

Nesse sentido, o projeto da diferença é pós-feminista, não porque nega ou contradiz o projeto da igualdade mas porque corrige suas distorções, faz sua crítica enquanto experiência incompleta que demanda ser radicalizada. É pós-feminista porque, sem o feminismo, suas mudanças, suas conquistas, seus impasses, seus questionamentos, não teriam entrado no horizonte de visibilidade das mulheres.

O projeto da diferença é, antes de mais nada, o reconhecimento de que o universo feminino existe, de que ele é fruto de um corpo que se fez experiência histórica e social, de um psiquismo que se fez cultura. É essa cultura que, hoje, pela presença das mulheres nos centros de saber e poder, tem pela primeira vez a possibilidade de se declarar como tal e a pretensão de se fazer ouvir e existir no exercício desse mesmo poder.

O projeto da diferença, longe de reforçar estereótipos sobre as mulheres como seres frágeis, incompletos, dependentes, sem vida própria, incapazes de liberdade e de autonomia, afirma os valores constitutivos da identidade feminina para reivindicar sua presença e seu impacto em todas as esferas e dimensões da vida social. Não se volta para o passado buscando devolver as mulheres exclusivamente ao universo privado, para aí fazer o luto de uma incursão desmedida e fracassada em territórios que não seriam os seus. Bem ao contrário, revalorizando o que é próprio das mulheres, suas raízes, sua identidade, seu modo de estar e de agir no mundo, abre-se para o futuro, opondo o múltiplo ao uniforme, o plural ao singular, o incerto e o indeterminado ao previsível e ao programado.

Enquanto fator de enriquecimento e de complexificação do tecido social, o projeto da diferença representa a seiva e o veio pelo qual flui a verdadeira igualdade entre os sexos, inédita e subversiva. Subversiva porque toca na até hoje intocável escala masculina de valores que rege a vida pública. Inédita porque até hoje as mulheres pensaram que o preço do poder era a renúncia a seus valores próprios e o mimetismo com os homens.

Muitas vezes é justamente no momento de maior perigo que as rupturas necessárias e as alternativas possíveis emergem com maior força. A lógica do mercado, triunfante, ameaça invadir e corroer os menores interstícios da vida social, inclusive a intimidade mais íntima dos indivíduos, com seu poder de regulamentação institucional e seu padrão de remuneração mercantil. Revestida de modernidade, invocando a igualdade e a liberdade, essa visão é dominante no mundo ocidental. A ela só se contrapõe, na cena do mundo, um outro fundamentalismo, de sinal inverso: o do integrismo islâmico, em que as noções de religião, raça e nação fundem-se para afirmar um estatuto diferente, mas certamente subalterno e opressivo para as mulheres.

Frente a esse choque de fundamentalismos, cada um querendo à sua maneira definir o lugar e o papel das mulheres, cabe a elas, a nós mulheres, tomarmos a palavra e olharmos para nós mesmas e para a sociedade a partir de outro ponto de vista.

A mudança do ponto de vista pode mudar radicalmente a paisagem, assim como a mudança da teoria enquadra necessariamente novos objetos, fazendo emergir como problema – tirando da sombra – aspectos do real até então mantidos sob silêncio ou na invisibilidade. A tal ponto isso é verdadeiro que Einstein dizia que a teoria só encontra aquilo que procura: o que não procura não reconhece ou não vê. Por isso é fundamental mudar o ponto de vista, rever a teoria, explorar novos horizontes.

Aceitando a incerteza e a indeterminação inerentes aos momentos de abertura e de ruptura, cabe às mulheres abrir um amplo campo argumentativo a propósito da forma presente e futura da convivência entre os sexos e do impacto de seu desenho no perfil da sociedade.

Como contribuição a essa exploração de caminhos e veredas que se buscam, os dois ensaios que se seguem exploram a questão da cultura feminina em dois ângulos privilegiados. Nos espaços da literatura, em que o feminino procura dizer-se, e no espaço público por excelência que é a política, onde ela propõe maneiras diferentes de estar e de fazer.

A CICATRIZ DO ANDRÓGINO

Um primeiro cuidado: evitar o lugar-comum, a facilidade do discurso militante, que simplifica e torna óbvio o que há milênios é complexo e obscuro. As relações entre o Masculino e o Feminino, as definições mútuas e as mútuas exclusões, a atração e a repulsão, foram em toda a história humana conhecida o lugar do êxtase, da criação e também o da tragédia. Encontro marcado, inevitável desencontro, a relação masculino/feminino traz a marca da incompatibilidade necessária. A ferida do Andrógino jamais cicatrizou.

Se um dia fomos um, uma vez partidos nunca mais em nosso abraço recuperamos a unidade. Separados, nos atritamos no mundo em asperezas tão diversas que, reencontrados, já não somos o perfeito encaixe e nem mesmo nossa ternura recompõe a superfície una do corpo único, completo, saciado.

Masculino e feminino, mítica ou historicamente buscam – e é inútil – a unidade perdida.

Nessa busca, por onde passam vão deixando as marcas de uma cultura que lhes é própria, mesmo que essas duas culturas se diluam, se alternem, se confrontem e se confundam no que acreditamos ser uma só. A ferida do Andrógino é a mais nítida na pele do mundo.

Dia e noite, sol e lua, ordem e desordem, potência e fertilidade, razão e desrazão, permeiam os relatos míticos, exprimindo em linguagem simbólica os polos opostos dessa união tensional.

Corpo e existência, de homens e mulheres associados a frações diferentes do real, balizam com interditos as fronteiras que definem os horizontes de cada um, reafirmando o princípio da dicotomia sexual.

A vinda das mulheres à criação cultural, ao universo da ficção, foi um crime político. As leis da cidade sempre quiseram que um mundo cultural masculino e um mundo cultural feminino sustentassem, sem equívoco, o equilíbrio do mundo. A literatura foi domínio reservado do mundo cultural masculino.

A criação artística e literária, enquanto elã de comunicação com o público – gesto, palavra ou imagem endereçados a todos, anônimos, desconhecidos –, enquanto voz voltada para o mundo, não poderia, por isso, ser voz feminina. A não ser como transgressão da regra fundadora que, separando o Masculino e o Feminino, atribui a uns e outros estilos, modos de expressão que lhes são próprios e não apropriáveis pelo outro sexo.

A vinda das mulheres à criação literária é parte da energia que vem abrindo, ao longo de séculos, a brecha em um paradigma milenar, o da separação de mundos. É travessia da fronteira do mundo dos homens, travessia acidentada que, paradoxalmente, revela um novo horizonte, o dos territórios do feminino. Alguns marcos assinalam os acidentes: visibilidade, igualdade, identidade.

Em 1928, Virginia Woolf, irônica e realista, em uma conferência pronunciada para jovens universitárias inglesas no Giron College, estabelecia as condições mínimas para que as mulheres atravessassem a fronteira física e psíquica da criação literária. Dizia ela: "tendo um quarto para si e renda própria."[7] Essa fórmula sucinta se desdobra no pensamento de Virginia Woolf, nos vários desenhos que pode assumir a exigência de liberdade.

Se escrever é uma transgressão que a qualquer momento pode ser punida, um quarto para si é a representação espacial da autonomia, sem a qual a criação literária definha nos subterrâneos do desejo. Esse quarto é uma saída secreta para a aventura da rua, para além das paredes estreitas da sala de estar, para além da repetição cíclica dos mesmos gestos. A renda própria é uma carta de alforria, para além da pobreza, dote do sexo feminino, pouco importa qual seja a fortuna da mulher.

Senão, o que aconteceria a Judith, a inexistente irmã de Shakespeare a quem Virginia deu à luz, para cumprir a *via crucis* de uma mulher de talento, seduzida pela criação literária na Inglaterra elizabetana?

Judith tropeça na vida, nas impossibilidades, nos preconceitos, e, desamparada, se suicida. Judith nasce e morre nas páginas de Virginia sem nunca ter escrito nada. Não, o tempo de Shakespeare não foi o da poesia das mulheres.

Que corpo social teria transportado a alma feminina no fim do século XVII? Que outro destino poderia ter uma mulher nascida na família de Shakespeare, com a mesma inspiração do poeta, uma mulher que, como ele, tivesse sentido o apelo irresistível da criação? Que recusa frontal teria enfrentado, primeiro da família – mas de casa se foge –, depois do mundo dos homens, em que uma mulher jovem e solitária não ingressa sem que sobre ela pese a suspeita de prostituição? Capitulação, casamento, renúncia, suicídio. Linha fatal que vai de um desejo nascido antes da hora à morte física, prolongamento da morte prematura, do desejo prematuro.

Há desejos trágicos, que brotam antes de seu tempo e cujo destino é morrer insaciados. O desfecho do suicídio era a solução natural para um conflito em que os apelos do talento artístico se viam negados pela impossibilidade de expressão e transformados em destinos medíocres e infelizes, que esse mesmo talento se recusava a testemunhar. Judith não tinha um quarto para si nem uma renda própria. Nem direito algum, afora o de se matar.

Um castelo à beira do lago Leman com muitos quartos para si teria feito toda a diferença. Melhor ainda, a confortabilíssima renda própria de que dispunha, no fim do século XVIII, Germaine Necker – e que permitiu que se tornasse visível o inquestionável talento de Mme. de Staël. Madame de Staël, que poderia ter passeado pelos corredores do Castelo de Coppet sua condição de filha do banqueiro de Luís XVI, preferiu as emoções de uma querela pública com Rousseau quando da publicação de *Confissões*. Mme. de Staël desferiu as mais acerbas críticas ao revolucionário, que só se recuperaria a seus olhos ao publicar a *Nova Heloísa*, onde demonstra uma infinita acuidade a respeito de um tema que muito interessava Mme. de Staël – a paixão feminina. Se a ensaísta ganhou notoriedade no desafio a Rousseau, a romancista não precisou disso para se notabilizar com a publicação de *Corinne*.

A Revolução Francesa, no bojo do ideário de Direitos Humanos, inventa a igualdade entre os Homens, o que, em filigrana, promove as mulheres a cidadãs. São as Luzes do século XVIII que iluminarão o século XIX, inaugurando um novo capítulo na história das mulheres, momento tensional, em que a expectativa de direitos encontra a hostilidade do real vivido.

Jane Austen confiava nas portas que rangiam anunciando a chegada de alguém: elas eram as sentinelas da clandestinidade em que escreveu *Orgulho e preconceito*. Charlotte Brontë levou a um editor, à revelia da irmã, O *morro dos ventos uivantes*, que Emily não ousava mostrar a ninguém, e apresentou-o como tendo sido escrito por um homem. O anedótico dessas histórias tem força de depoimento sociológico sobre um tempo em que o Feminino fazia seus primeiros passos na ambiguidade.

A igualdade no horizonte mas longe do alcance se traduzia na ficção em nuances mais ou menos acentuadas de amargura. Alguns dos melhores romances dessa época são marcados por personagens femininos que esbarram nos limites impostos às pessoas de seu sexo como nos muros de uma prisão. A imagem de Jane Eyre subindo ao teto da casa para melhor contemplar o horizonte é representativa da frustração que marca a literatura da primeira metade do século XX. Virginia Woolf tem razão de lamentar que essa amargura seja forte a ponto de se transformar, às vezes, em tom reivindicativo, lacrimoso e enraivecido. Como diz Virginia, esse é o veneno que compromete o valor literário da obra de autoras que, apesar de um imenso talento, se perdiam num lamentar-se sobre as injustiças da condição de mulher. Nasciam essas obras num clima social em que as reivindicações femininas de igualdade com os homens se cristalizariam progressivamente no direito de voto e no direito ao trabalho remunerado ao qual chegavam massas operárias, não por vontade própria, por escolha, mas por absoluta necessidade de enfrentar uma vida urbana industrial que se impunha como o espaço da modernidade.

A ambição de igualdade encontrou rapidamente sua ideologia, o feminismo.

Desde o começo, o movimento feminista pretendeu para as mulheres uma existência como a dos homens, tão livre quanto a dos homens, sendo esta percebida como o máximo da liberdade.

Viver como os homens, desfrutando do mundo e da rua, recusando as condições que enclausuravam as mulheres e limitavam sua existência ao universo da casa, apresentava-se como um projeto de florescimento, de desenvolvimento de capacidades novas, como a tentadora aventura do amanhã.

O horizonte do Feminino passa a ser Masculino. George Sand, travestida, desafiava Paris, mas reencontrava no campo uma vida discreta: lá bordava no bastidor, embalada pelo piano dos amigos Liszt e Chopin.

As mulheres não tinham parâmetros femininos de vida autônoma e sem coerções, o que lhes deixava como opção de liberdade a imitação de um estilo masculino de vida. Assim também no campo literário, sendo a literatura outra ousadia: escrever na ausência de precursoras só poderia ser adotar, tanto quanto possível, o estilo mais próximo do que até então se fizera em literatura, isto é, a literatura dos homens.

O século XIX deixou como herança uma estranha mistura: uma literatura próxima da literatura masculina da época, porém atravessada por um amargor muito feminino, marca inconfundível de autoras divididas, tentando escrever como os homens sem deixar o lugar da mulher que se sente excluída.

A primeira reflexão crítica sobre essa ambiguidade está justamente em *Um teto todo seu*, quando em momentos diferentes Virginia parece cair ela mesma na ambiguidade, ora afirmando que nada é mais fatal para a literatura que pensar no seu sexo, ora lamentando que as autoras do século XIX tenham se preocupado tanto com imitar os homens. E, no entanto, essas afirmações que parecem contraditórias na verdade não o são, porque dizem a mesma coisa: é porque as mulheres pensam no seu sexo (mas o pensam como sexo-vítima) que tentam imitar os homens, não permitindo que aflore nelas o que espontaneamente afloraria.

Essa vitimização que marca os primeiros 150 anos do feminismo tem raízes em um sentimento profundo de inferioridade que as mulheres aceitaram interiorizar, modelo clássico da dominação em que o dominado protesta contra a dominação não em nome de si mesmo, mas em nome do que acredita ser sua capacidade de tornar-se o Outro. O que, implicitamente, só reconhece como legítima a existência do Outro, modelo e ideal.

Na passagem do século XX, o movimento feminista subscreve, em sua exigência de igualdade entre homens e mulheres, uma definição insólita dessa igualdade. Reivindica para as mulheres o direito de participar da vida social e cultural em paridade com os homens e, para tanto, tenta convencer a sociedade de que a feminilidade não é uma desvantagem insuperável. O universo feminino resvala para o sem valor, para o socialmente não existente, o incômodo; as mulheres percebem-se como polo subalterno de uma relação hierárquica em que o masculino é o paradigma a ser atingido e o feminino o componente inacabado. A armadilha se preparava e nela cairiam as feministas da primeira metade do século XX: buscando o universal, encontravam o masculino.

Para uma geração de mulheres nascidas na época da virada do século XIX para o XX, a idade madura coincide com uma época em que, se por um lado já está presente a consciência da discriminação sexual, por outro essa discriminação ainda é suficientemente forte para que as mais seguras de si evitem identificar-se com o sexo feminino como um todo. As que se sentem com recursos intelectuais e materiais que lhes permitam fazer abstração dessa discriminação, fazem-no simplesmente como se de fato ela não existisse. Esses casos excepcionais escapam das limitações que, nesse começo de século, ainda pesam sobre as mulheres.

Talvez o exemplo mais rico seja o de Marguerite Yourcenar, cujo destino é marcado por uma incomparável originalidade, devida em parte a fatalidades que independem dela, mas, sobretudo, às escolhas que ela fez, à maneira como transformou essas fatalidades.

Marguerite entra na vida sem mãe, que o parto matou. No seu nascimento, o pai tem 50 anos, a idade de um avô. Marguerite não conheceu a escola; sua educação coube a preceptoras sucessivas, todas com o traço comum de dominar a cultura clássica. Esse estranho casal, feito de uma menina sem mãe e de um pai idoso, correu mundo, se entretendo na leitura dos clássicos que, ainda que não fossem absorvidos em toda a sua complexidade, encantavam a menina seduzida pela história. "Ele era ótimo, quase não era um pai. Um homem mais velho que eu – não um velho, porque nunca tive noção de diferença de idade e continuo não tendo – com quem eu passeava durante horas, falando de filosofia grega ou de Shakespeare, ou das lembranças dele e de outras pessoas mais velhas, o que me deu uma memória que se prolonga por duas gerações antes da minha; um amigo com quem eu visitava igrejas, os campos, com quem eu falava de animais, de cavalos ou de cachorros, que no fim da vida, às vezes parecia um velho vagabundo, sentado na beira da estrada, comendo um sanduíche."[8]

Esse velho vagabundo, no entanto, era herdeiro de uma considerável fortuna, que garantiu à filha, ao longo da vida inteira, a possibilidade de não ocupar seu tempo e seu espírito com preocupações de ganhar o próprio sustento. A renda mensal de que fala Virginia Woolf, que aumenta as chances de uma mulher se tornar escritora, estava desde o começo garantida. Assim como estava garantida uma infância suficientemente insólita para as meninas de sua geração.

É assim, graças ao insólito dessa infância, que ela escapa desde cedo às convenções e, em particular, às convenções que definem a mulher. O que a levou sempre a declarar que ter nascido mulher não representara jamais um inconveniente, que jamais desejara ser homem e que tampouco atribuía valores diferentes aos dois sexos, acreditando que homem e mulher valiam a mesma coisa. Mais que isso, Yourcenar teve durante a vida o extremo cuidado de não se deixar impressionar por nenhuma causa política e, em particular, de não se envolver com o feminismo – que considerava não apenas radical como uma espécie de sexismo às avessas. De certa maneira foi como se os problemas ligados à relação entre os sexos não lhe dissessem respeito, a não ser em seu nível mais rasteiro, em que a defesa dos direitos das mulheres se confunde com a defesa dos direitos humanos, o que, para uma incontestável humanista como ela, estava acima de qualquer discussão.

Quando a Académie Française, quebrando uma tradição de três séculos, acolheu-a como a primeira mulher a conquistar uma cadeira, Yourcenar limitou-se a comentar, em seu discurso de posse, que a sociedade francesa ainda era suficientemente misógina para colocar uma mulher sobre um pedestal, sem por isso ter a coragem de oferecer-lhe uma cadeira. Com essa rápida ironia encerrava um assunto que poderia ter sido largamente explorado, em termos de lamentações ou recriminações de caráter político.

Ironicamente esse tabu foi quebrado graças à fama obtida sobretudo com dois romances, *Memórias de Adriano* e *A obra em negro,* em que sua voz feminina reveste-se de uma persona masculina e conta o enfrentamento existencial e filosófico de dois homens com os temas decisivos do amor, do sexo, do poder, do conhecimento, da morte.

Exilada voluntariamente de sua experiência feminina, Yourcenar investe a possibilidade de universalização da experiência, mesmo movimento de descentração que permitiu, por exemplo, a Flaubert a gestação de Madame Bovary. Exilada também de seu tempo, aceitando o desafio da História – ora na Antiguidade, através do imperador Adriano, ora no Renascimento, através do personagem de Zenon, médico e alquimista que mantém com o conhecimento e seus riscos uma relação tão ousada quanto a de Adriano com os riscos do poder –, ela reafirma a ambição de romper fronteiras. Nega limitações através de um extraordinário esforço de reflexão e ao mesmo tempo da humildade de se deixar possuir, habitar, sem grandes interferências de sua parte, por essas entidades que invoca numa espécie de ascese, experiência mística pela qual o esvaziamento de si deixa lugar à divindade que nos vai ocupar.

É assim que a mulher belga vivendo no século XX conhece e fala do poder e do conhecimento, territórios do masculino, em que ela penetra pelos caminhos do abandono e da possessão.

Embora a autora se mostrasse reticente quanto a estabelecer o que chama "particularismo" e minimizasse a implicação política das relações homem/mulher, a escolha de um personagem masculino para dissertar sobre esse conjunto de temas é indicador, como ela mesma assinala, do fato de que, aos olhos da autora, só um destino masculino é capaz de dar conta da experiência humana global. A vida das mulheres é muito limitada ou muito secreta, e por isso mesmo dificilmente um personagem feminino poderia ser locutor da filosofia complexa que impregna as memórias de Adriano. O mundo pertence aos homens, só a eles é dado o desafio de se apropriarem dele, "dando a volta de sua cela antes de morrer".

A sensualidade de Adriano, príncipe andaluz, é uma sensualidade mediterrânea, que passa por um paladar afeito ao pão e ao vinho, aos óleos e à carne. Sensualidade marítima de ventos e marés, de portos que se sucedem e de ilhas deixadas para trás à medida que o império avança. Essas mesmas ilhas que encantaram a juventude da autora e que exerceram sobre ela o fascínio grego e pela primeira vez o sonho de uma vida definitiva apagando a miragem do horizonte. Andaluz, imperador romano mas filho espiritual de Atenas, Adriano percorre as águas do império explorando o mundo geográfico civilizado em busca de uma paz que acreditou possível e que seria o fruto do poder sabiamente exercido. Explorando também o mundo cultural, em que pesava como uma faca enterrada no corpo a herança de uma Atenas ainda onipresente, memória hegemônica na interrogação sobre o humano.

Esse direito ao mundo, aos prazeres e desafios do mundo, sejam eles a crueza da guerra ou a doçura das paisagens prateadas dos olivais, é um direito masculino que se confunde com a liberdade. A liberdade de movimento que não tem o escravo, verdade seja dita, mas tampouco têm as imperatrizes. Direito do homem livre, a aventura do mundo.

Yourcenar escolheu um homem e um imperador para fugir às limitações da vida das mulheres, para escapar a esse campo feminino restrito e fechado onde vive a maior parte das mulheres. "Não sei se poderíamos encontrar onde quer que seja um personagem histórico feminino igualando, não digo em grandeza (isso é um outro assunto), mas em envergadura, um personagem masculino da mesma época."[9] Essa explicação, dada em suas entrevistas a Patrick de Rosbo, confirma uma intencionalidade já expressa em *Les yeux ouverts*. Esse campo restrito e fechado, o da experiência doméstica, não deixa margem a grandes aventuras fora do campo do amor. Um imperador romano permite, é claro, experiências como a guerra, as viagens, as lutas pelo poder. Mas, curiosamente, tendo feito todo o percurso dessa aventura masculina, Yourcenar, talvez involuntariamente, não só privilegia a experiência amorosa como coloca essa experiência no ponto de ouro de seu quadro filosófico-histórico. A paixão é aqui tão central quanto nos romances de outras autoras, que não ousaram explorar um universo muito maior que uma casa e suas cercanias. Voz feminina, persona masculina. Persona masculina significa aqui um desejo de apropriar-se da experiência masculina em suas dimensões mais proibidas. O personagem de Zenon, na *Obra em negro,* com quem a autora admite uma identificação pessoal que sempre negou em se tratando de Adriano, é um personagem transgressor, atraído pelo ilícito, e em particular pelo ilícito do conhecimento e da ciência, num tempo em que ciência e religião competiam para explicar o homem e o mundo.

Marguerite Yourcenar pode ser tomada como protótipo da literatura feminina que coincide com o paradigma da igualdade, entendida como acesso aos territórios do masculino, paradigma de uma época, que só será alterado a partir dos anos 1970.

Terá sido talvez necessária a travessia dos territórios do masculino para, a partir deles, vislumbrar os territórios ainda virgens do feminino. Talvez sem um passado honroso, que Yourcenar e outras como Virginia Woolf e Gertrude Stein construíram, fosse mais difícil para as mulheres que encontravam a literatura estabelecerem com ela uma nova relação, menos defendida, de maior abandono, sem outro interlocutor imaginário senão sua própria sensibilidade.

É a partir dessa perda de pudor que o feminino começa a emergir na literatura como a face do novo. Insólito e desconhecido, o feminino se exprime como travessia de si mesmo, como paixão, morte e ressurreição. A paixão segundo Clarice Lispector ou segundo Marguerite Duras, G. H. ou Anne-Marie Stretter. Travessia dos territórios do feminino, terreno perigoso e inexplorado. Os personagens femininos fazem aqui essa travessia de si mesmos, tropeçando em perplexidades, como diante de um continente a explorar, reintegrando a posse da memória, se escrevendo e se inscrevendo naquilo que escrevem. Uma barata esmagada na dobradiça da porta pode ser um súbito precipitar-se no divino. "Trata-se primeiro como de uma espera que ignora sua fonte e seu nome, depois uma pulsação bate pouco a pouco o ritmo de um projeto sem definição possível, por enquanto, mas para a realização do qual todas as forças são mobilizadas com uma obstinação surda e cega a todo o resto. Operam-se deslizamentos. Convalescença de uma mulher no seu passo hesitante."[10]

Reintegrar a memória e a vivência dando voz ao que antes era silêncio. Dando voz mesmo ao silêncio, arte maior de

Marguerite Duras. Nela, como na escultura, os vazios contam tanto quanto a matéria, são matéria onde todo supérfluo é eliminado, o que implica uma escolha rigorosa da palavra capaz de suportar a expressão. Duras utiliza o silêncio como na caligrafia utiliza-se o fundo branco, tão importante quanto a letra traçada sobre ele.

Saímos dos territórios do masculino. Aqui, a fronteira de uma *no man's land* que é o mistério e a força encantatória de Clarice, o lugar imprevisível, desconhecido, de onde provém essa voz filtrada em sons inauditos. Voz feminina, persona feminina.

No entanto, o Feminino que Clarice e Duras começam a cantar sofre do barulho do Feminismo. Desenha-se, nos anos 1980, uma nova perspectiva, em que a procura da identidade feminina substitui a da igualdade com os homens. É, sobretudo, o desejo de dar voz a essa identidade, de fazer existir o Feminino como presença na cultura, que se insinua na literatura sob o título de "Escrita do Corpo".

A escrita do corpo, se entendida do ponto de vista da sociologia da literatura, exprime o momento em que as mulheres esboçam uma identidade que não é mais o avesso da identidade do homem, nem mesmo o seu contrário. Um sujeito coletivo escreve e se inscreve nesse corpo-autor. Em termos psicanalíticos, a identidade feminina deixa de ser o Outro do Mesmo para se tornar uma procura e uma invenção. Passou o tempo do "segundo sexo", em que Simone de Beauvoir, contra fatos e mitos, propunha a igualdade. Trata-se agora do "sexo que não é", estudado por Luce Irigaray, ao qual cabe agora inventar-se.

A literatura vai colaborar nessa invenção, utilizando, para isso, a matéria corporal. Irigaray atravessa, de Platão a Freud, uma história científica que constrói a mulher a partir do homem e em função dele, e introduz nela um espéculo[11] para revelar uma outra mulher, não submissa à lógica do masculino.

A travessia dos textos em que o masculino determina os limites do feminino recusado como Outro – e o confirma como alteração negativa do Mesmo – é necessária para que "um sexo que não é", que ainda não foi, tente ser, quebrando o silêncio imposto pela exclusão do discurso. Ficção e teoria colaboram no sentido de fazer tábula rasa do passado. A desigualdade entre homens e mulheres provinha desse "defeito", dessa inferioridade de um sexo que não seria senão uma deformação do outro. A luta pela igualdade se esforça para negar esse defeito, para negar qualquer diferença, ignorando o fato de que, negando-o, subscreve o critério de simetria e solicita o reconhecimento em nome da sua capacidade de ser como o outro, e não em nome de ser Outro. Armadilha que a vanguarda dos anos 1970 recusou deslocando-se para outro ponto de vista, a partir do qual conquistou uma palavra de mulher, autora de um discurso inédito. Irigaray leva ao extremo essa posição e pergunta: posto que o sexo feminino foi censurado a partir da lógica do consciente, teria o feminino um inconsciente? Não seria ele o próprio inconsciente? O inconsciente não seria justamente o feminino reprimido, cuja volta se faz no desvendar-se do prazer da mulher que Freud nunca soube escutar?

Um tempo que legitima essa ousadia teórica incentiva, no plano literário, o discurso autobiográfico, catártico, associativo, que se toma pelo inconsciente e que, como ele, ignora a justificativa, atribuindo-se um sentido intrínseco, autorreferente e autodecodificável.

O livro considerado fundador dessa tendência literária é *Palavra de mulher*, de Annie Leclerc, publicado na França em 1974, que conquistou um enorme sucesso de público. Louvação *outrancière* das regras, do parto, do prazer feminino, exercício de autocontemplação maravilhada, *Palavra de mulher*, embora tenha o mérito de ignorar tabus, nem por isso chega a se constituir em obra literária. Pobre na invenção formal, o desejo de resgatar as delícias da feminilidade, oculta e desprezada pela cultura masculina, empurra a autora perigosamente para o sexismo às avessas que, fora da temperatura aquecida do militantismo, aparece como quase ridículo. Mas o fato é que a Paris dos anos 1970 vivia nessa temperatura aquecida e, por isso mesmo, o livro abriu um tempo de produção acelerada em que muitas mulheres acreditaram que a literatura de testemunho, mais autobiográfica que ficcional, conseguiria dizer a mulher, declinar o feminino em sua riqueza não explorada.

A colheita dessa safra é das mais decepcionantes. A maioria dos livros publicados não escapa do depoimento, fechado a tudo que não seja mergulho uterino de pulsações e ritmos interiores.

Convencido de que a representação insignificante das mulheres no mundo literário se deve ao sexismo da cultura masculina hegemônica, o Movimento Feminista encorajou as mulheres a escrever, mas confundiu, nesse incentivo, a importância do ato de se expressar – mais mulheres escrevendo e mais livremente – com a importância do que é expresso. São poucas as autoras que, nesse período, alcançaram qualidade literária. A maioria simplesmente beneficiou-se de um clima de época.

Escritora e ideóloga da escrita do corpo, Hélène Cixous é um desses casos de sucesso no escrever com o corpo. Em *La venue à l'écriture*, Cixous sintetiza essa ideologia do corpo como metáfora:

> *A vida faz o texto a partir do meu corpo. Eu sou o texto. A história, o amor, a violência, o tempo, o trabalho, o desejo, se inscrevem no meu corpo, e eu vou aonde se faz ouvir a "língua fundamental", língua corpo, na qual se traduz a linguagem das coisas, dos atos, dos seres, no meu próprio seio o conjunto do real trabalhando na minha carne, captado pelos meus nervos, pelos meus sentimentos, pelo trabalho de todas as minhas células, projetado, analisado, recomposto em um livro.*

As regras, o parto, o aleitamento, os seios, a vagina, o útero, não são apenas o corpo em si, mas a metáfora de uma percepção do mundo vivenciado a partir dessa morada específica e insubstituível do feminino.

Cixous apresenta seu romance *Souffles* como uma meditação e um salmo sobre a paixão de uma mulher, atravessando os grandes corpos míticos da Grécia e da Palestina, onde se fundem o masculino e o feminino. "Cega e vidente, ela atravessa os jovens recantos eróticos da bissexualidade. Texto-mãe, texto-filho, texto-amor: espaço de gestações. Deixar correr o leite, deixar voar a escrita."

Há uma certa circularidade que marca a escrita do corpo, que parte dele, acreditando que o gozo é uma forma de conhecimento, e volta a ele, como a um porto seguro; o corpo é ponto de partida, percurso e chegada. A escrita do corpo não seria mais que uma tendência da literatura escrita por mulheres, que agrada ou não ao leitor mas sem maior importância teórica, se não trouxesse consigo o debate, esse sim, mais interessante, sobre a existência de uma escrita feminina. Existe, de fato, uma escrita feminina?

Duas questões têm sido desde então confundidas: existe uma escrita feminina, feita de temas e estilos identificáveis como de autoras mulheres? Ou uma escrita feminista, que pretende levar para o campo literário a busca de identidade social e sexual das mulheres de nosso tempo?

A primeira pergunta pressupõe a existência de um Feminino que, pouco importa se por razões socioculturais, históricas ou biológicas ou as três, habitaria as autoras, agindo sobre elas consciente ou inconscientemente, com a força de um determinismo, e terminaria por se fazer visível, perceptível, na obra terminada.

Para além da escrita, a questão abre o debate sobre a existência de uma cultura feminina, tributária das particularidades do corpo, em que se enraizaria a literatura das mulheres. O que é uma maneira mais precisa e mais larga de encarar a diferença que aquela que a situa no plano puramene libidinal. Essa suposta cultura feminina deve ser tomada aqui em seu sentido antropológico, ou seja, como expressão dos modos de fazer e de dizer que acompanham a experiência feminina tradicionalmente separada da experiência masculina.

Yvonne Verdier, etnógrafa francesa, estabelece uma relação direta entre o corpo, o fazer e o dizer, corroborando a hipótese de uma cultura feminina.

> *Um mesmo fio percorre a trama formada por frases, gestos, funções femininas, o fio fisiológico das particularidades de seu corpo. Modos de fazer e de dizer se alternam e se iluminam mutuamente, desenhando uma esfera de representações e de ações que pertencem, caracteristicamente, às mulheres. O universo feminino se define não negativamente em relação ao mundo dos homens, mas de dentro para fora, por si mesmo, como universo organizado e regido por suas próprias leis, lugar de soberania e de autonomia das próprias mulheres.*[12]

A modernidade trouxe consigo o movimento de aproximação de mundos, as mulheres cada vez mais presentes nos territórios do masculino. O fato mesmo de escrever é um sintoma dessa aproximação. Mas isso não é suficiente para apagar a dicotomia fundadora que faz com que masculino e feminino, enquanto corpo e experiência existencial, relembrem a cada instante a cicatriz do Andrógino, fronteira dos interditos que definem o horizonte de cada um. O que significa, como já dissemos, que duas culturas coexistem e convivem, disfarçadas em uma só. Uma cultura feminina ancestral, feita de experiência física e psíquica, incide sobre a expressão feminina. Quer elas escrevam na amargura contra a discriminação, quer escrevam afirmando a igualdade ou sublinhando a diferença, em quaisquer dessas circunstâncias é a identidade que se procura pelos caminhos da diferença e da diversidade.

A presença do Feminino na literatura não é delimitável senão como crise. É o Feminino em crise, debatendo-se na ambiguidade e na indefinição, que se manifesta na literatura – e não o Feminino previsível porque predeterminado. O Feminino literário se procura, ambíguo como as mulheres do tempo que estamos vivendo. Nele cabem o sim e o não, a igualdade e a diferença. Esses polos existem como núcleos isolados, assim como na experiência cotidiana das mulheres que vivem ora como homens, ora como mulheres, e entre eles oscila a identidade em crise.

Só a história da literatura poderá dizer se, no fim do século XX, despontou, contemporânea do Feminismo, uma literatura do Feminino. O distanciamento crítico iluminará, talvez, a experiência de hoje com uma lucidez que a convivência com o fato perturba. Nossa observação de hoje se faz como numa sala escura, em que procuramos aos poucos acomodar a visão para distinguir contornos e identificar formas reconhecíveis. Toda conclusão é, por isso mesmo, provisória.

Uma observação de Marguerite Yourcenar, reagindo à tentativa da crítica de identificá-la pessoalmente com seus personagens, ilustra bem a intimidade do autor com a obra sem confundir-se com ela. Segundo ela, seus personagens nutrem-se dela, como um filho se alimenta da seiva materna, sem que, por isso, se trate da mesma pessoa. Essa metáfora da maternidade, em que se afirma, ao mesmo tempo, a filiação e a independência da obra, nos incita a pensar que, se a cultura feminina existe, ainda que involuntariamente, como seiva, ela alimentará a obra, marcando-a com o selo do feminino.

Nas *Cartas a um jovem poeta*, Rilke nos fala do "sangue dos nossos ancestrais, que forma com o nosso essa coisa sem equivalente que, aliás, não se repetirá". Sintetiza, assim, o jogo difícil do individual e do coletivo, do presente e do passado, do autor e sua cultura, tão decisivo na produção literária. Define o caráter único e insubstituível do autor, assim como sua fatal inserção em seu tempo.

Nas mulheres que escrevem hoje vivem as mães e avós que esconderam diários, vive também a experiência do livre exprimir-se, assim como vive a ambiguidade em face do que se está sendo. Nas mulheres que estão escrevendo vive uma ancestralidade feminina que forma com a experiência andrógina de hoje uma coisa sem equivalente que, aliás, não se repetirá. Talvez seja essa coisa que estamos chamando de feminino na literatura.

Quanto à existência de uma escrita feminista, ela nasce de autoras que, acompanhando o espírito do tempo, buscam imprimir voluntariamente em seus textos impressões que elas gostariam indeléveis do Feminino. A escrita do corpo se "impõe" como vontade erótica e política. Hélène Cixous, em *O riso da Medusa*, sintetiza essa posição como aquilo que as mulheres deverão fazer: "escrever-se, escrever sobre as mulheres e levar as mulheres à escrita, da qual foram arrancadas tão violentamente quanto de seus corpos – pelas mesmas razões, pela mesma lei, com o mesmo objetivo fatal. As mulheres devem colocar-se no texto – como no mundo e na história – por elas mesmas."[13]

Entretanto, talvez o risco e a inevitabilidade de todo militantismo seja o de criar uma norma fora da qual as mulheres, de novo, não se sintam adequadas. O mérito do neofeminismo, negando ao mesmo tempo um passado restritivo e uma adesão acrítica ao universo masculino como opção a esse passado, teria sido o de abrir para as mulheres a possibilidade do ineditismo e da multiplicidade, uma experiência que não é feita da superposição de experiências femininas e masculinas, mas de uma gama infinita, na sua variedade, de misturas desses elementos, segundo o tempero escolhido por cada uma. Em outros termos, a liberdade.

A literatura feminista dos anos 1970, aquela que se intitula feminista, é análoga, no movimento de mulheres, ao "realismo socialista".

Escrever com o corpo é às vezes confundido com um infinito derramar de leites e de sangue, exageradamente alusivos à irredutibilidade da experiência de mulheres. Espécie de *kitsch* da diferença, agora tão assumida e proclamada.

A escrita do corpo não é senão uma das maneiras, e não necessariamente a mais fiel ou a de maior talento, de declinar a crise do feminino. Seu mérito, como o de toda arte que mereça esse nome, é o de dar a ver o invisível, no caso a libido feminina, ocultada pela libido masculina autorreferente. Seu risco é o de pretender guardar, nas fronteiras de um estilo, esse feminino, que se descobre polimorfo e inesgotável.

Quanto à emergência do Feminino na literatura, ela pressupõe pelo menos duas condições: a primeira é que as mulheres se sintam livres para escrever o que sentem, sem interlocutores mentais ou críticos fantasmáticos que, sentados no ombro de cada uma, corrijam o texto e introduzam barulhos que não deveriam existir.

Em um artigo chamado "Uma profissão para mulheres", Virginia Woolf propunha matar o anjo do lar. O anjo do lar era aquela mulher receptiva que preferia a morte a decepcionar alguém e garantia a felicidade de todos exceto a sua própria. Esse anjo, o neofeminismo já abateu. Resta, insidioso, o diabo do próprio feminismo, que espeta com o tridente do imperativo, do dever escrever como mulher.

De certa maneira, é num mesmo movimento que a identidade feminina se procura e procura se escrever. É no depoimento sobre a perplexidade, sobre a incerteza, sobre o escondido, sobre o oculto, sobre a sensibilidade do inédito, que o feminino cederá seus territórios para que neles floresça uma literatura.

A RAZÃO DAS LOUCAS

Existe em Buenos Aires uma praça com visitação obrigatória para os turistas mais assumidos, os que se deixam fotografar pelos diversos e obsoletos lambe-lambes e voltam para casa com fotos amareladas tendo ao fundo o Cabildo ou a Casa Rosada. A Praça de Maio é o coração da cidade antiga, cenário da história argentina, caixa de ressonância de golpes e contragolpes. Das janelas da Casa Rosada, do lugar do Poder, Evita prometia aos descamisados a proteção com que o casal Perón mobilizava a orfandade do povo.

Um dia, muitos anos depois, outras mulheres entraram em cena na Praça de Maio. O tema era ainda a orfandade, mas pelo avesso, a orfandade das mães de filhos desaparecidos nos meandros sórdidos da ditadura argentina. Em silêncio, a cabeça coberta com lenços brancos, elas carregavam cada uma um cartaz com o nome do "seu" desaparecido. E só rompiam o silêncio para gritar esse nome. Essa procissão rondou a Praça de Maio, incansável, durante dias, durante anos, com o peso trágico do enfrentamento do impossível. Porque pediam o impossível. Pediam os filhos, mortos certamente, mas mortos onde? E por quem? Ou talvez vivos? E onde?

Antígonas dos nossos dias, foram chamadas as loucas da Praça de Maio. Eram mulheres comuns, *gente como uno*, nada heroínas, eram cada uma de nós e a sua circunstância. Desafiavam a céu aberto o Poder sanguinário que empurrava para a sombra os mais inocentes, atormentados pela paranoia. Elas, à luz do dia, sob as janelas do ditador, sob chuva, sob sol, no silêncio entrecortado de gritos, faziam ouvir como que a alucinação de uma litania, que ecoou no país, na América Latina e além-mar. Criaram o fato político de maior ressonância, o mais eloquente, o mais entendido. Em silêncio. Eram loucas, dizia o Ditador, convicto da sua Razão. Eram loucas, diziam os políticos de oposição, que criticavam sua intransigência, sua recusa de qualquer pacto, acordo ou negociação. Eram loucas, dizia a complacente Igreja argentina, que dizia ser tempo de esquecer os mortos para cuidar dos vivos. Mas não, elas não concordavam em esquecer. Eram loucas. Eram as loucas da Praça de Maio.

Dentro da História, à lógica da História, opunham a lógica de uma história outra. E desmentiam assim uma espécie de maldição que pesa sobre as mulheres, acusadas sempre, em política, de favorecer o lado conservador. Essa fama se criou a partir de um mal-entendido. É fato que a história moderna registra a existência de organizações de mulheres que se criaram como porta-vozes de ideias conservadoras. Daí deduziu-se rapidamente um conservadorismo inato nas mulheres. Essa leitura precipitada ignora não só as causas como o sentido mais profundo desse suposto conservadorismo.

O medo da mudança nas mulheres não é necessariamente um conservadorismo inato, mas a instintiva reação de defesa contra decisões que, tomadas à sua revelia, podem representar perigo para os seus homens, filhos e maridos.

A relação das mulheres com a política foi tradicionalmente a experiência da interdição. Fechadas em seus lares fizeram vida afora a experiência de ver esses lares serem transformados por fatos externos cuja lógica lhes escapava, sobre os quais não haviam opinado, que não eram escolhas suas, mas que se imiscuíam em suas vidas como um raio imprevisto, inexplicado e por isso mesmo assustador. A política continha esse elemento de ameaça, que se transformava rapidamente em medo de mudança.

Essa relação ancestral de impotência ante a política está registrada no museu de Delfos, em fragmentos de uma frisa romana em que se esculpiu a luta entre os homens e as mulheres, que tentam impedi-los de partir para a guerra. A sucessão de esculturas mostra, ao fim, as mulheres batidas, derrotadas, caídas no chão, deixadas para trás por uma poderosa e orgulhosa expedição que se vai à conquista de novas vitórias.

A frisa romana é alegórica de um gesto mil vezes repetido por mães e esposas, quaisquer que sejam suas posições políticas. O conservadorismo não é necessariamente a adesão a ideias conservadoras em política, mas uma desconfiança visceral da política como caixa de Pandora.

A conquista do direito de voto veio reforçar essa imagem de conservadorismo, na medida em que as mulheres, muitas vezes, manifestam-se nas urnas contra as plataformas de mudança. A esquerda, que se crê portadora do progresso social, sempre temeu o voto feminino, tido como reacionário. Acontece que o direito de voto introduziu as mulheres a uma cidadania formal mas não substancial. No dia a dia elas continuam, em grande maioria, excluídas da vida política, ligadas umbilicalmente a uma vivência familiar, isoladas da informação, o que resulta em uma presença na *polis* que se exerce pelo voto mas que coexiste com a resistência à mudança, expressa no conteúdo do voto.

Contudo, nem só de votos vive a política, e eleições não são o único parâmetro da qualidade da participação feminina na *polis*. As mulheres podem, subitamente, se movimentar por outras razões e, em função do significado profundo dessas razões, emergir politicamente com conteúdos novos.

Há dores que são redentoras. É "quando nem se espera mais" e "eis que a faca ressurge com todos os seus cristais".

São aquelas que ferem mais fundo e que, por isso, despertam, revivem o músculo morto, e, coração reanimado, fazem falar quem sempre viveu calado.

As loucas da Praça de Maio falavam do lugar mais antigo, do laço ancestral que une a mulher a seu filho. Por isso diziam o incompreensível. Não defendiam a família, instituição que os homens criaram exatamente a preço de mulheres. Gritavam uma fala deslocada, anterior ao discurso do social, mas feita discurso social pelo fato mesmo do grito. O grito se dava na praça.

A desrazão das loucas da Praça de Maio situa-se em um outro marco referencial. Falam por sobre a cabeça do Estado aos sentimentos e à consciência do país. Não reconhecem as razões de Estado sequer para condená-las, mas antes as ignoram, como ignoram o fato irremovível que é o filho morto. O irrealismo, que lhes valeu o título de loucas, é a fidelidade a um outro sentido de realidade, que lhes vale o título de Mães da Praça de Maio.

As mães da Praça de Maio nada tinham a ver com o feminismo, embora suas ações fossem contemporâneas. A Argentina dos anos 1970 se prestava ao luto e não à alegria mesclada de angústia com que, nos países ricos, as mulheres descobriam a possibilidade de novos horizontes. As mulheres dos países do norte, fora algumas ligadas à luta pelos direitos humanos, desconheceram praticamente a importância, para elas, do que se passava numa praça nos confins da América do Sul.

Em 1980, a ONU reuniu em Viena uma conferência de mulheres sobre a paz. O consenso parecia admitir, no ponto de partida, que as mulheres seriam vetores importantes na construção da paz, embora pairasse sobre nós, delegadas, como um fantasma incômodo, a lembrança dos atos de violência que vinham cometendo mulheres no poder como Indira Gandhi e Margaret Thatcher. Apesar disso, a própria ideia da conferência reforçava o sentimento de que a presença das mulheres nos processos de tomada de decisão seria suficiente para repelir a ideia da guerra.

Tudo isso me parecia ao mesmo tempo certo e errado e eu não sabia por quê. Lembro-me que fiz na tribuna um emocionado elogio das loucas da Praça de Maio, tributo às mulheres do continente que é o meu. Quando voltei ao meu lugar, a delegada norte-americana, que me ladeava, perguntou-me quem eram essas senhoras. E, em seguida, tomando a palavra, apresentou infindáveis estatísticas sobre o número de mulheres que ocupavam postos no legislativo e no executivo americano, do nível federal até a mais longínqua comarca do Idaho, sublinhando os desníveis salariais e as dificuldades de ascensão. No fim da tarde, olhando a outra margem do Danúbio, fiquei pensando na distância que separava nossos discursos, o quanto de estrangeiros tinham um para o outro. A feminista norte-americana não conhecia as loucas da Praça de Maio. Quanto a mim, suas estatísticas me deixavam fria, entediada, com o sentimento de *more of the same*.

É claro que eu simpatizava com o esforço das americanas para sair do ostracismo político e entrar ou pensar que entravam no *decision making process*. É claro que eu apoiara e continuaria apoiando todas as reivindicações nesse sentido. Mas não podia deixar de me perguntar como era possível que essa delegada americana, que ainda por cima já fazia parte dos processos de tomada de decisão, ignorasse o que me parecia a evidente emergência do feminino na política. Tampouco me consolava essa visão quantitativa das vitórias do feminismo. E me saltava aos olhos naquele momento que o feminismo só teria sentido se levasse para a política não um novo esquadrão de políticos de saias, mas questionamentos de fundo, como a exigência de reconhecimento de uma lógica estrangeira à política, muito próxima da ética, talvez a única capaz de renová-la. Ocorreu-me então que a ideia mesma da democracia seria tanto mais interrogada por questões insólitas, quanto mais livremente se exprimissem as mulheres.

A democracia não poderia mais ser garantida pela simples presença quantitativa das mulheres. Essa presença quantitativa não é senão um ponto de partida, uma reivindicação primária, a pré-história da democracia. É claro que, sem a presença física das mulheres nos postos representativos e executivos da sociedade, voltaríamos ao tempo do *apartheid* sexual contra o qual o feminismo vem lutando há mais de um século, e antes dele tantas mulheres que, todas, receberam o epíteto de loucas.

A política de cotas, que é hoje uma das reivindicações mais avançadas da política da igualdade, assim como foi em um determinado momento a defesa da discriminação positiva para corrigir vícios históricos e promover a igualdade, é uma espécie de potencialização máxima do indicador quantitativo da igualdade. Essa política tem, entre os seus muitos méritos, o de abrir espaço para que o acidente se produza. O acidente seria uma reviravolta na maneira como as mulheres vêm se comportando na política. Essa reviravolta talvez só seja possível quando mulheres chegarem ao poder imbuídas não do espírito da igualdade, mas do desejo de exercer a diferença. A igualdade quantitativa vem atuando sobre os processos de participação política de mulheres, enquanto a política da diferença quer pensar os seus conteúdos.

É preciso reconhecer que, até aqui, uma grande parte da energia das mulheres, em seu caminho dentro da política, foi para assegurar esse próprio caminho. Foi para garantir que uma mulher pudesse ser eleita deputada ou governadora, ou mesmo primeira-ministra. Acreditava-se que, como numa equação simples, quando uma maioria de mulheres tivesse poder de decisão os interesses das mulheres estariam automaticamente representados. O que não foi, não é, e não será verdade enquanto o que se pedir das mulheres políticas for apenas um pertencimento de gênero e a capacidade de escapar dos limites desse gênero para agir como um homem.

Os interesses das mulheres estarão representados quando, no poder, uma mulher for capaz de agir como mulher, desafiando todo o estereótipo cultural que inferioriza a razão feminina como irracional e a sensibilidade feminina como sentimentaloide. Quando as mulheres fizerem existir, no poder, a cultura feminina, em franca negociação com a cultura masculina. Nesse campo argumentativo em que diferentes visões de mundo e de organização da sociedade se encontrarem para procurar soluções em comum, nesse campo, então, se poderá falar de democracia. O feminino na política toma assim a forma de uma reivindicação democrática que nos tire do neolítico da democracia e nos permita imaginar uma certa modernidade. Porque não se trata, para as mulheres, de ingressar na política como alunas bem-comportadas, *peau noire, masque blanc,* tentando falar masculino sem sotaque. Não se trata de entrar na máquina política mas, talvez, de enguiçá-la para que outra se torne necessária, em que as mulheres possam funcionar.

Antígona foi obra de um homem. A mãe desgrenhada do *Guernica* também. Úrsula Iguaran invadindo o quartel e chicoteando no pátio o bisneto tirano pariu García Márquez. Foram sublimações, na arte, de um Feminino pressentido, feito criaturas inesquecíveis, arquetípicas, que viveram nesses homens como inquilinas de seus corpos.

O fato político criado pelas loucas é obra de mulher. Arte feita vida, feminino feito política.

Era madrugada na praça de Buenos Aires quando um grupo de mulheres deslizou para a frente do palácio e para dentro da História.

NOTAS

1. Élisabeth Badinter. *L 'Un est l'Autre*. Paris: Jacob, 1986.
2. Idem, p. 280.
3. Luce Irigaray. *Ce sexe qui n'en est pas um*. Paris: Minuit, 1977.
4. "Faire le ménage c'est travailler", *Cahiers du Grif*, n° 14.
5. André Gorz. *Métamorphoses du travail, quête du sens*. Paris: Galilée, 1988.
6. Idem.
7. Virginia Woolf. *A Room of One's Own*. Nova York: Harcourt Brace, 1929.
8. Marguerite Yourcenar. *Les yeux ouverts*. Paris: Editions du Centurion, 1980.
9. Patrick de Rosbo, *Entrevistas com Marguerite Yourcenar*. Rio de Janeiro: Nova Fronteira, 1987.
10. M. Marini. *Territoires du féminin*. Paris: Laffont, 1979.
11. Luce Irigaray. *Spéculum de l'autre femme*. Paris: Minuit, 1974.
12. Yvonne Verdier. *Façons de faire, façons de dire*. Paris: Gallimard, 1979.
13. Hélène Cixous. *Le rire de la Méduse*. Paris: Des Femmes, 1976.

CONCLUSÃO

ANTÍGONA E O ANDRÓGINO

Uma verdadeira igualdade entre homens e mulheres não supõe o Andrógino nem tampouco a eliminação de diferenças.

A tentativa de fundar a convivência entre os sexos na eliminação das peculiaridades esbarra, felizmente, na alteridade fundada na realidade irredutível do corpo.

Suzanne Lilar, restituindo o mito do Andrógino, lembra que, nele, muitas culturas situam o princípio da história humana, que se abre com a perda da unidade representada pelo Andrógino, e que cede lugar à dualidade que se manifesta na existência dos sexos. O desejo é a nostalgia trágica dessa indiferenciação primeira, é o elã de reencontro da unidade perdida.

Os gregos, que compreendiam a realidade como oposição de contrários, já sabiam que os conceitos opostos se atraem e se pertencem. Um não é o outro, um não está se tornando o outro. As mulheres estão se tornando uma outra mulher, os homens poderão se tornar outros homens, diferentes do que são hoje. Isso não implica que se dissolvam um no outro.

Dissolver e fundir homens e mulheres, masculino e feminino, no magma de uma natureza humana indiferenciada, é romper a própria dinâmica da vida.

Uma das características principais do mundo cultural masculino tem sido, justamente, a sua atitude arrogante e distanciada da Natureza. A cultura masculina não procurou com ela um entendimento nem um equilíbrio porque, arrogante, não se sentia parte dela. Os movimentos ecológicos não têm feito outra coisa senão denunciar esse mal-entendido, essa pretensão pela qual nossa civilização colocou-se em oposição à Natureza. Nesse sentido, os ecologistas são hoje os aliados das mulheres que se decidam a feminizar o mundo. Essas mulheres serão talvez as primeiras a enfrentar o problema delicadíssimo da Natureza, posto que, em se tratando das mulheres, a Natureza sempre foi um tema tabu. A valorização da natureza feminina sempre foi o argumento preferido do pensamento mais reacionário. Ele servia para imobilizar a História, para referir-se a uma essência imutável, para glorificar o eterno feminino. Servia sobretudo para proibir às mulheres qualquer incursão fora de um espaço que, supostamente, essa Natureza lhes teria reservado. O feminismo, na tradição do pensamento progressista, opôs-se sistematicamente a qualquer valorização da natureza feminina e ofereceu a seus defensores um combate sem quartel, no que tinha absoluta razão. Opunha-se a uma maneira de encarar a natureza que transformava o corpo feminino em prisão e fonte de legitimização da desigualdade de estatuto social e político entre homens e mulheres.

O endeusamento da maternidade se fazia acompanhar de toda uma ideologia de submissão, de conformismo, de aceitação de fronteiras. Hoje, retomando o tema da Natureza, o faço de uma perspectiva diferente. Não me refiro a uma Natureza limitativa, inimiga, mas parceira, companheira. Trata-se de quebrar o paradigma arrogante pelo qual os seres humanos se excluíram da natureza, se colocaram fora dela, seja para negá-la, seja para desafiá-la. Trata-se de quebrar a oposição entre Natureza e Cultura, para surpreender-nos em pleno curso de uma história humana da Natureza, em que esta não seja ignorada ou subtraída, mas respeitada pelas escolhas humanas ao longo de sua história. Uma história humana da Natureza inclui, também, a história do Feminino, o feminino como História.

Hoje, o feminino não é mais nem o outro nem o mesmo do masculino. Ele não é tampouco essência ligada a uma Natureza imóvel, mas experiência ligada a uma Natureza histórica. O feminino ingressa assim em um espaço de liberdade, onde seria mais justo falar do não concebido do que da ausência de um conceito. A liberdade do feminino para definir-se nos tempos vindouros não se referirá à Natureza como essência, mas como experiência. Não negará lugar corporal, primordial, a partir do qual ele vive e pensa o mundo, mas o integrará nesse pensamento do mundo. Não negará o passado, a cultura feminina que medrou à margem do mundo dos homens, mas tampouco a aceitará como álibi à exclusão e ao confinamento. Integrar a história humana da natureza feminina ao desenho do futuro do feminino é um projeto ao mesmo tempo feminista e ecológico. Ganhar voz social foi, para as mulheres, a grande vitória histórica com que marcaram o século XX. O século XXI se abre para uma nova esperança. A de que essa voz feminina não seja apenas um eco absurdo de um mundo absurdo. Espera-se das mulheres um impacto sociocultural revolucionário. Uma inventividade em todas as áreas da existência, na relação entre as pessoas, nas faces múltiplas do amor, na organização social, e especificamente na organização do trabalho em que homens e mulheres ganham e perdem a vida, nas decisões políticas de maior envergadura em que se decidem a paz e a sobrevida do planeta.

De pouco teria adiantado o feminismo se ele se esgotasse em uma banal adesão ao mundo dos homens. O trabalho de invenção, de repensamento, a ousadia de propor o aparentemente inviável, devem alimentar o feminismo dos próximos anos, elaborar novas plataformas, assim como há alguns anos anunciavam que "nosso corpo nos pertence". Nesses próximos anos, as mulheres que se propuserem a feminizar o mundo reencontrarão provavelmente o estatuto já conhecido de minoria, com toda a carga de originalidade e diferenciação que o caracteriza: a radicalidade de um desejo e uma aura de utopia.

Retomarão um destino de oposição ao Andrógino em busca do Feminino. Porque só pela travessia do Feminino é possível chegar ao Andrógino. O Andrógino que nos prometem hoje é uma espécie de monstro gerado no século XX, disforme, dessemelhante do ser perfeito e harmônico que a mitologia nos legou. Nesse, um equilíbrio sem falha do Feminino e do Masculino sugere uma forma cíclica, integrada, fusional. O Andrógino do nosso tempo tem cara de homem, esconde o feminino como deformação, como erro, como falta, como ausência. O Andrógino mitológico, com a justiça e equidistância do círculo, girava como uma roda sobre seus múltiplos pés. O Andrógino moderno manca, alguns de seus pés são mais longos e sólidos do que outros e são eles que determinam o ritmo e a passada.

Sacrificado por um corte certeiro, feito Homem e Mulher, o Andrógino mitológico vaga, inconsolável, mutilado, chorando e buscando a metade perdida. E, quando a encontra, abraça-a enternecido, e essa é a história do Amor.

O Andrógino moderno teve um outro destino. Separadas, suas metades se atritaram em asperezas tão diversas que, uma vez reencontradas, já não formam um perfeito encaixe.

Nele, a metade homem absorve a metade mulher, o que faz com que só exista um sexo onde um dia existiram dois.

O Andrógino moderno é, ele sim, uma deformação. Mas o outro, o do mito, como mito sobrevive. Em cada um de nós, a ferida do Andrógino jamais cicatrizou. Daí que buscamos, em algum lugar no futuro, recriar o perfeito equilíbrio, celebrar a esquecida harmonia que permitiria o advento do Amor.

Mas esse amor tem condições. O Andrógino só seria possível se Antígona fosse feliz.

BIBLIOGRAFIA

ARDOINO, J. *Education e Politique*. Paris: Gauthier-Villars, 1975.
BACHELARD, G. *La Psychanalyse du feu*. Paris: Gallimard, 1949.
_____. *Le nouvel esprit scientifique*. Paris: PUF, 1966.
BADINTER, É. *L' amour en plus*. Paris: Flammarion, 1980.
_____. *L' un est l'autre*. Paris: Jacob, 1986.
BALANDIER, G. *Antropologiques*. Paris: PUF, 1974.
BARBIER, R. *La recherche-action dans l'institution educative*. Paris: Gauthier-Villars, 1977.
_____. BARDWICK, J. *Women in Transition*. The Harvester Press, 1980.
_____. BATESON, G. *Vers une ecologie de l'esprit*. Paris: Seuil, 1980.
_____. BEAUVOIR. S., de *Le deuxième sexe*. Paris: Seuil, 1980.
BELOTI, E. G. *Dalle parte delle bambine*. Milão: Feltrinelli, 1973.
_____. *Prima le donne e i bambini*. Milão: Rizzoli, 1980.
BERNSTEIN, B. *Class, Codes and Control*. Boston: Routledge & Kegan, 1970.
BION, W.R. *Recherche sur les petits groups*. Paris: PUF, 1965.
_____. *Aux sources de l'experience*. Paris: PUF, 1965.
BLEGER, J. *Symbiose et ambiguité*. Paris: PUF, 1981.
BOURDIEU, P. CHAMBOREDON, J.-C. PASSERON, J.-C. *Le Métier de sociologue*. Paris: Mouton, 1968.
BROWNMILLER, S. *Femininity*. Nova York: Ballantine, 1985.
BURR, E. DUNN, S., FARQUHAR, N. "Women and the Language of Inequality", *Social Education,* 36 (1972), pp. 841-845.
CARDINET, J., WEISS, J. "L'observation interactive, au confluent de la formation et de la recherche". *Les sciences de l'éducation,* 1979, 1-2, pp. 177-203.
CHESLER, P. *Les femmes et la folie*.
CIXOUS, H. *Souffles*. Paris: Des femmes, 1975.
CONKLIN, N. "Towards a Feminist Analysis of Linguistic Behavior". *The University of Michigon Papers in Women's Studies,* l, n⁰ 1(1974), pp. 51-73.

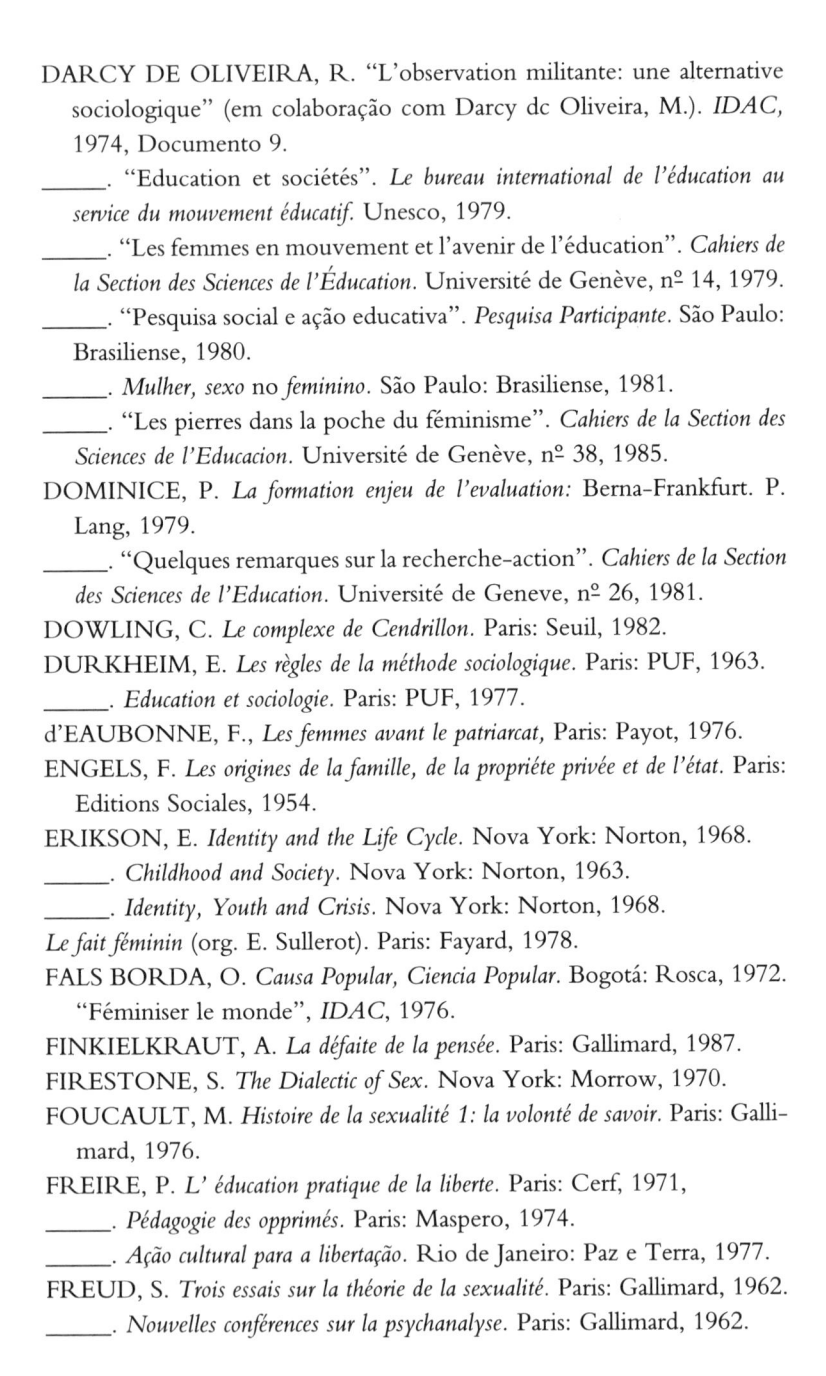

DARCY DE OLIVEIRA, R. "L'observation militante: une alternative sociologique" (em colaboração com Darcy dc Oliveira, M.). *IDAC*, 1974, Documento 9.

_____. "Education et sociétés". *Le bureau international de l'éducation au service du mouvement éducatif*. Unesco, 1979.

_____. "Les femmes en mouvement et l'avenir de l'éducation". *Cahiers de la Section des Sciences de l'Éducation*. Université de Genève, n° 14, 1979.

_____. "Pesquisa social e ação educativa". *Pesquisa Participante*. São Paulo: Brasiliense, 1980.

_____. *Mulher, sexo no feminino*. São Paulo: Brasiliense, 1981.

_____. "Les pierres dans la poche du féminisme". *Cahiers de la Section des Sciences de l'Educacion*. Université de Genève, n° 38, 1985.

DOMINICE, P. *La formation enjeu de l'evaluation:* Berna-Frankfurt. P. Lang, 1979.

_____. "Quelques remarques sur la recherche-action". *Cahiers de la Section des Sciences de l'Education*. Université de Geneve, n° 26, 1981.

DOWLING, C. *Le complexe de Cendrillon*. Paris: Seuil, 1982.

DURKHEIM, E. *Les règles de la méthode sociologique*. Paris: PUF, 1963.

_____. *Education et sociologie*. Paris: PUF, 1977.

d'EAUBONNE, F., *Les femmes avant le patriarcat,* Paris: Payot, 1976.

ENGELS, F. *Les origines de la famille, de la propriéte privée et de l'état*. Paris: Editions Sociales, 1954.

ERIKSON, E. *Identity and the Life Cycle*. Nova York: Norton, 1968.

_____. *Childhood and Society*. Nova York: Norton, 1963.

_____. *Identity, Youth and Crisis*. Nova York: Norton, 1968.

Le fait féminin (org. E. Sullerot). Paris: Fayard, 1978.

FALS BORDA, O. *Causa Popular, Ciencia Popular*. Bogotá: Rosca, 1972. "Féminiser le monde", *IDAC*, 1976.

FINKIELKRAUT, A. *La défaite de la pensée*. Paris: Gallimard, 1987.

FIRESTONE, S. *The Dialectic of Sex*. Nova York: Morrow, 1970.

FOUCAULT, M. *Histoire de la sexualité 1: la volonté de savoir*. Paris: Gallimard, 1976.

FREIRE, P. *L' éducation pratique de la liberte*. Paris: Cerf, 1971,

_____. *Pédagogie des opprimés*. Paris: Maspero, 1974.

_____. *Ação cultural para a libertação*. Rio de Janeiro: Paz e Terra, 1977.

FREUD, S. *Trois essais sur la théorie de la sexualité*. Paris: Gallimard, 1962.

_____. *Nouvelles conférences sur la psychanalyse*. Paris: Gallimard, 1962.

_____. *La vie sexuelle*. Paris: PUF, 1969.
FRIEDAN, B. *The Feminine Mystique*. Nova York: Norton, 1963.
GALLI, G.A. *Come si fa ricerca*. Milão: Mondadori, 1979.
GILLIGAN, C. *Une si grande différence*. Paris: Flammarion, 1986.
HABERMAS, J. *La technique et la science comme idéologie*. Paris: Gallimard, 1973.
_____. *Kultur und Kritik*. Frankfurt: Suhrkamp, 1973.
_____. *L' espace public*. Paris: Payot, 1978.
_____. *Theory of Communicative Action*. Londres: Heinemann, 1984.
HALIMI, G. *La cause des femmes*. Paris: Grasset, 1973.
HALL, B. "Participatory research: an approach for change". *Convergence*, 1975, II.
HAYS, H.R. *The Dangerous Sex: the myth of feminine evil*. Nova York: Putnam, 1964.
HENLEY, N. "Power, Sex and Nonverbal Communication". *Berkeley Journal of Sociology*, 18 (1973-73) 1-26.
_____. "The Sexual Politics of Interpersonal Behavior". In: J. Freeman, ed., *Women: a Feminist Perspective*, Palo Alto, Mayfield, 1975.
HORKHEIMER, M. *Théorie traditionnelle et théorie critique*. Paris: Gallimard, 1974.
ILLICH, I. *Une société sans école*. Paris: Seuil, 1971.
_____. *Gender*. Londres: Boyars, 1982. *Introduction à la psychologie sociale* (org. S. Moscovici), Paris: Larousse, 1973.
JACOB, F. *La logique du vivant*. Paris: Gallimard, 1970.
JANEWAY, F. *Man's World, Woman's Place*. Nova York: Dell, 1971.
KEY, M.R. "Linguistic Behavior of Male and Female". *Linguistics*, 88 (1972), pp. 15-31.
KLEIN, M. *Envy and Gratitude*. Londres: Tavistock, 1957.
LABOV, W. *Sociolinguistic Patterns*. Filadélfia: Univ. of Pennsylania Press, 1972.
LAKOFF. R. *Language and Woman's Place*. Nova York: Harper & Row., 1975.
LAPASSADE. G. *L' entrée dans la vie*. Paris: Minuit, 1963.
LECLERC, A. *Parole de femme*. Paris: Grasset, 1974.
LECLERC, A. *Hommes et femmes*. Paris: Grasset, 1985. *Language and Sex: Difference and Dominance*, B. Thorn & N. Henley ed., Rowley, Mass., Newbury House, 1975.

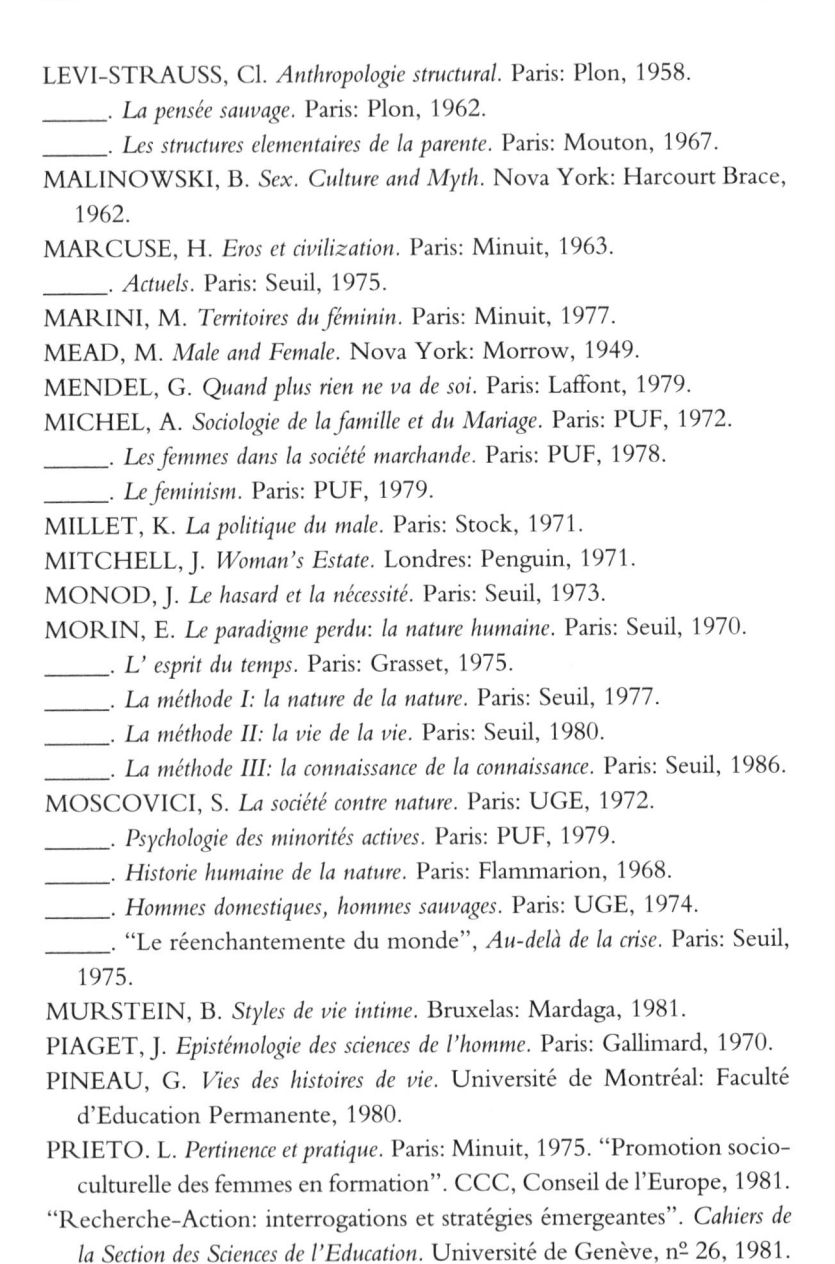

LEVI-STRAUSS, Cl. *Anthropologie structural*. Paris: Plon, 1958.
_____. *La pensée sauvage*. Paris: Plon, 1962.
_____. *Les structures elementaires de la parente*. Paris: Mouton, 1967.
MALINOWSKI, B. *Sex. Culture and Myth*. Nova York: Harcourt Brace, 1962.
MARCUSE, H. *Eros et civilization*. Paris: Minuit, 1963.
_____. *Actuels*. Paris: Seuil, 1975.
MARINI, M. *Territoires du féminin*. Paris: Minuit, 1977.
MEAD, M. *Male and Female*. Nova York: Morrow, 1949.
MENDEL, G. *Quand plus rien ne va de soi*. Paris: Laffont, 1979.
MICHEL, A. *Sociologie de la famille et du Mariage*. Paris: PUF, 1972.
_____. *Les femmes dans la société marchande*. Paris: PUF, 1978.
_____. *Le feminism*. Paris: PUF, 1979.
MILLET, K. *La politique du male*. Paris: Stock, 1971.
MITCHELL, J. *Woman's Estate*. Londres: Penguin, 1971.
MONOD, J. *Le hasard et la nécessité*. Paris: Seuil, 1973.
MORIN, E. *Le paradigme perdu: la nature humaine*. Paris: Seuil, 1970.
_____. *L' esprit du temps*. Paris: Grasset, 1975.
_____. *La méthode I: la nature de la nature*. Paris: Seuil, 1977.
_____. *La méthode II: la vie de la vie*. Paris: Seuil, 1980.
_____. *La méthode III: la connaissance de la connaissance*. Paris: Seuil, 1986.
MOSCOVICI, S. *La société contre nature*. Paris: UGE, 1972.
_____. *Psychologie des minorités actives*. Paris: PUF, 1979.
_____. *Historie humaine de la nature*. Paris: Flammarion, 1968.
_____. *Hommes domestiques, hommes sauvages*. Paris: UGE, 1974.
_____. "Le réenchantemente du monde", *Au-delà de la crise*. Paris: Seuil, 1975.
MURSTEIN, B. *Styles de vie intime*. Bruxelas: Mardaga, 1981.
PIAGET, J. *Epistémologie des sciences de l'homme*. Paris: Gallimard, 1970.
PINEAU, G. *Vies des histoires de vie*. Université de Montréal: Faculté d'Education Permanente, 1980.
PRIETO. L. *Pertinence et pratique*. Paris: Minuit, 1975. "Promotion socioculturelle des femmes en formation". CCC, Conseil de l'Europe, 1981.
"Recherche-Action: interrogations et stratégies émergeantes". *Cahiers de la Section des Sciences de l'Education*. Université de Genève, nº 26, 1981.
REED. E. *Problems of Women's Liberation*. Nova York: Pathfinder Press, 1971.

_____. *Feminisme et anthropologie*. Paris: Denoël-Gonthier, 1979.
REIK. T. "Men and women speak different languages". *Psychoanalysis*, 2, nº 4 (1954), 3-15.
_____. *Myth and Guilt*. Nova York: Braziller, 1960.
_____. *The Temptation*. Nova York: Braziller, 1961.
Revue Internationale d'Action Communitaire: La recherche-action, enjeux et perspectives. Nº spécial 5/45, printemps, 1981.
RICH, A. *Of Woman Born*. Nova York: Norton, 1976.
_____. *On Lies. Secrets, Silence*. Nova York: Norton, 1979,
ROGERS S. *Les Groupes de Renomine*. Paris: Dunod, 1980.
ROWBOTHAM, S. *Women, Resistance and Revolution*. Vintage Books, 1974.
SAUSSURE, F. *Cours de linguistique générale*. Paris: Payot, 1962.
Sexist Language, M. Vetterlin-Braggin ed., Adams, 1981.
Sex Differences, P. Lee & R. Stewart ed., Nova York: Urizen Books, 1976.
STAVENHAGEN. R. "Comment décoloniser les sciences sociales". *Sept thèses erronées sur l'Amérique Latine*. Paris: Anthropos, 1972.
SULLEROT, E. *Demain les femmes*. Paris: Laffont, 1965.
_____. *Histoire et sociologie du travail feminine*. Paris: Gonthier, 1968,
_____. *Pour le meilleur et sans le pire*. Paris: Fayard, 1984.
THIRAULT, O. *L' homme inachevé*. Paris: Casterman, 1972.
THIBAULT. O. *Debout les femmes*. Lyon: Chroniques Sociales, 1980.
TOURAINE. A. *La voix et le regard*. Paris: Seuil, 1978.
TROUTOT, P.Y. "Sociologie d'intervention et recherche-action socio-politique". *Revue Suisse de Sociologie, 1980*.
VERDIER, Y. *Façons de dire, façons de faire*. Paris: Gallimard, 1979.
WOOLF, V. *A Room of One's Own*. Nova York: Harcourt Brace, 1929.
YAGUELLO. M. *Les mots et les femmes*. Paris: Payot, 1978.

Este livro foi impresso na Editora JPA Ltda.,
Av. Brasil, 10.600 – Rio de Janeiro – RJ,
para a Editora Rocco Ltda.